아이들이 행복한 세상

선생님과 부모가

함께라면 가능합니다

# 아이들이 행복한 세상
## 선생님과 부모가 함께라면 가능합니다

초판 1쇄 발행 _ 2019년 5월 25일
초판 2쇄 발행 _ 2019년 7월 10일

지은이 _ 정영혜

펴낸곳 _ 바이북스
펴낸이 _ 윤옥초
책임 편집 _ 김태윤
책임 디자인 _ 이민영

ISBN _ 979-11-5877-096-9 03370

등록 _ 2005. 7. 12 | 제 313-2005-000148호

서울시 영등포구 선유로49길 23 아이에스비즈타워2차 1005호
편집 02)333-0812 | 마케팅 02)333-9918 | 팩스 02)333-9960
이메일 postmaster@bybooks.co.kr
홈페이지 www.bybooks.co.kr

어린이집 원장이
알려주는 좋은 선생과
준비된 부모 되기 비법

# 아이들이 행복한 세상

# 선생님과 부모가

# 함께라면 가능합니다

정영혜 지음

바이북스
ByBooks

'성공이란 끝까지 그 끈을 놓지 않는 것이다.'

유아교육인이라는 자리가 힘들게 느껴질 때마다 혼자 조용히 이 말을 되뇌었다. 그럴 때면 조금이나마 위로가 되고 힘이 났다. 아이들과 함께해 온 긴 시간들이 헛되지 않고, 훗날 '참 괜찮은 교육자'로 기억되기를 바라는 나 자신을 위한 최면술인 셈이다.

아이들과 함께 지낸 시간이 28년째로 접어들었다. 여전히 아이들과 함께 있을 때가 가장 행복하다. 출근하지 않는 주말이면 아이들이 보고 싶다. 내가 제일 좋아하고 가장 잘하는 일은 아이들이 신체적, 정서적으로 건강하게 성장하도록 바람직한 교육적 방향을 제시하는 일이다. 아이들을 도와주며, 아이들에게 사랑을 알려주는 일이다.

아침 등원 때 아이들 얼굴만 보아도 엄마에게 혼이 났는지, 즐겁게 집을 나섰는지 알 수 있다. 친구들과 놀이할 때 눈빛만 보아도 지금 하는 놀이가 즐거운지, 놀이 하면서 속상한 일이 있었는지, 하기 싫은데 억지로 하는 건지, 화장실에 가고 싶은지 다양한 속내를 볼 수 있다. 영아반은 울음소리만 들어도 배가 고픈지, 어디가 아픈지,

잠이 오는지, 기저귀가 젖어서인지 감이 온다.

어릴 적부터 유난히 아이를 예뻐했다. 덕분에 "아이 너무 예뻐하면 시집가서 애기 못 낳는다." 하는 어머니의 걱정을 배불리 먹으면서 자랐다. 다행히 나는 딸, 아들 두 아이의 엄마가 되었다.

대학에서 유아 교육을 전공한 나는 졸업하자마자 유치원 교사로 근무했다. 결혼 후 아이 둘을 낳으면서 교사 일을 잠시 쉬었지만, 둘째가 태어난 지 7개월에 접어들면서 아이들 가르치는 일을 다시 시작했다. 그 뒤로 지금껏 유아교육 현장에서 즐겁게 지내고 있다.

두 아이를 먼저 키운 선배 엄마로서, 선배 유치원 교사로서, 이 시대의 어린이집 원장으로서 그동안 아이들과 함께 지낸 행복한 이야기들을 많은 사람에게 들려주고 싶다. 아이들과 함께 지내면서 얻은 행복한 일상들을 듣노라면 저절로 미소가 지어질 것이다.

예비 엄마들은 누구나 아기가 태어나기 전에 배냇저고리, 속싸개, 겉싸개, 이불 등 출산 준비물과 아기에게 필요한 용품 준비로 분

주하다. 하지만 아기가 태어나기 전에 '내 아이를 어떻게 키울 것인가?' '좋은 부모가 되려면 어떻게 해야 하는가?'라는 육아 계획을 미리 세우고 공부하는 예비 부모는 극히 드물다. 아이를 낳기만 하면 저절로 엄마가 되지만, 엄마다운 엄마는 저절로 되지 않는다. 준비가 필요하다.

모든 부모들이 유아교육을 전공하지는 않았다. 아이를 어떻게 키우고, 어떻게 교육하고, 어떨 때 칭찬하고 어떨 때 꾸중해야 하는지 잘 모른다. 힘든 육아에 부딪힐 때마다 인터넷에 물어보거나 SNS에 올라온 다른 엄마들의 글을 참고하기도 하고 따라 하기도 한다. 하지만 그 조언들을 내 아이에게 그대로 적용해 보면 마음대로 되지 않을 때가 많다. 아이들은 어느 누구도 흉내 낼 수 없는 자기만의 개성과 기질을 지니고 있기 때문이다.

부모 상담을 하다 보면 이런 어머니들을 종종 만나게 된다.

"원장님! 아이 키우기 너무 힘들어요. 우리 어머니는 저희들을 어떻게 키웠을까요?"

눈시울이 붉어지면서 이내 고개를 숙이고 어깨를 들썩인다. 나는 티슈를 건네고, 그동안 힘들었던 마음을 마주앉아 들어준다. 어머니들은 그것만으로도 작은 위안을 얻기도 한다. 오랜 경험에서 얻은 육아방법과 지혜를 나누다 보면, 대부분의 어머니들이 다시 용기를 내며 편안하고 행복한 마음으로 사무실을 나간다.

육아가 힘들다는 젊은 세대의 어머니를 보면 선배인 내가 해야 할 일이 참 많다는 것을 느낀다. 나도 아이들과 함께하는 삶 속에서 알게 되었다.

어떤 엄마 밑에서 자라느냐에 따라 아이의 성격, 행동, 사고력에까지 많은 영향을 미친다는 것을. 부모의 인성이 덜 되었는데 고운 인성으로 자라는 아이는 아무도 없다. 아이는 부모의 앞모습뿐만 아니라 옆모습, 뒷모습까지 보고 자란다. 부모의 인성은 아이를 잘 키우는 비법이다.

좋은 엄마가 되려면, 아이를 잘 키우려면 올바른 부모의 인성을 바탕으로 늘 공부하는 노력이 필요하다. 부모 교육이 있으면 꼭 참석해서 듣고, 필요한 책도 많이 읽고, 선배들, 전문가들의 조언을 받아들여야 한다.

《아이들이 행복한 세상 – 선생님과 부모가 함께라면 가능합니다》의 이야기가 어머니들이 아이를 키우는 데 작은 도움이 되었으면 한다.

'아! 아이들은 이렇게 자라는구나!'

마지막 책장을 넘기는 순간 이런 감탄사가 배어나오기를 기대한다.


아이가 태어나서 가장 먼저 만나게 되는 선생님은 부모이다. 아이의 처음 학교는 가정이다. 부모는 소중한 보석들의 마음을 이해해주고 성장을 도와주어야 한다. 좋은 부모가 되기 위해 노력하고 있는 엄마선생님, 아빠선생님 들에게 이 책이 들려주는 아이들의 이야기가 작은 도움이 되길 바란다.

좋은 부모란 아이들에게 사랑을 심어주는 부모다. 부모의 사랑을 듬뿍 받고 자란 아이는 스스로를 존중하고 사랑하는 마음인 자존감이 높다. 자존감은 성장하면서 맞닥뜨리는 역경들을 이겨내는 큰 힘이 된다. 자존감이 높은 아이는 또래와 올바른 관계를 형성하기 쉽다. 누구나 좋아하고 따르는 리더십 강한 어른으로 성장할 가능성이 높다.

대한민국의 모든 어린이가 부모의 따뜻한 사랑 안에서 행복하게 웃으며 성장하는 그날까지, 내 삶의 축복인 아이들의 동화 같은 이야기가 계속되기를 소망한다.

# 제5장 동화 같은 삶을 꿈꾸며

제1장

# 나를 반짝이게 하는
## 보석들

1

# 원장 선생님과 함머니

"함머니!!"

승우의 목소리다. 사무실에서 하던 일을 멈추고 바쁘게 뛰어나갔다. 승우는 아빠 출근길에 함께 오기에 가장 먼저 등원을 한다.

"아빠! 다녀오겠습니다!!"

승우는 배꼽인사를 건너뛴 채 아빠 손을 뿌리치고 내 품으로 달려와 안긴다. 한참 동안의 포옹 후에도 안겨서 내려오지 않는다.

"까까 주세요!"

이 말과 함께 오랜 포옹이 막을 내린다. 나는 곧바로 비상간식인 견과류를 간식접시에 담아준다. 승우는 맛있는 것은 자기 입으로, 먹기 싫은 견과류는 "함머니 아~~" 하면서 내 입으로 넣는다. 내가 앉아있는 의자 위로 올라오고 싶어서 안아 달라고 한다. 안아주면, 책상 위에 놓인 출석부나 다른 서류에 볼펜으로 끼적거리려 한다. 얼른 이면지를 펴주면, 승우의 작품이 시작된다. 그렇게 한참을 놀다가 다른 친구가 등원을 하면, "함머니 안녕!" 손을 흔들며 교실로 향한다.

승우는 3세 또래 친구들에 비해 언어 표현력이 매우 뛰어나다. 다른 친구들은 '떤때미(선생님)'를 겨우 부를 수 있을 뿐 '할머니'라는 단어는 아직 말하지 못한다.

며칠 전에는 승우가 아침에 내 손을 잡고 부엌으로 가더니, "함머니~~ 빵 주세요!"라고 말했다. 그날 간식은 빵이 아니어서 줄 수가 없었다. '아침을 안 먹고 왔나? 배가 고픈가?' 걱정이 되어서 교사용 요구르트를 한 병 먹였다. 승우는 쪽쪽 소리가 날 때까지 큰 요구르트 한 병을 단숨에 마시고는 교실로 돌아갔다.

3월에 입학해서 승우가 처음 "함머니!" 하고 불렀을 때, 담임선생님은 깜짝 놀랐다.

"승우야! 원장 선생님이라고 해야지!"

담임선생님은 자신의 잘못인 양 붉어진 얼굴로 미안해했다.

"아니야. 괜찮아요! 승우 눈에는 내가 할머니로 보이나봐. 그 어려운 발음을 어떻게 해!"

언젠가 담임선생님이 작은 선생님(영아보조 선생님을 우리는 작은 선생님이라 칭한다)을 가리키며 승우에게 물었다.

"승우야, 이분은 누구야?"

"이모!"

담임선생님은 이번엔 본인을 가리켰다.

"누구야?

"떤때미."

마지막으로 나를 가리키며 물었더니, 승우는 "함머니!"하고 정확하게 구분해서 말했다. 승우를 바라보고 있던 우리 모두는 손으로 입을 막으면서 소리 나지 않게 웃고 말았다.

나는 아직 할머니가 아니다. 맏이인 딸 수지는 성악과를 졸업한 뒤 서울에서 연기학원 부원장으로 입시생을 가르치고 있고, 아들 건우는 육군 병장으로 군복무를 마친 뒤 대학교 3학년 2학기에 복학을 했다. 엄연히 아직 '어머니'인데 할머니 소리를 들으니 조금은 서운했다. 하지만 '초등학교 동창생 중에 두 명이 벌써 할머니가 되었으니, 이제 나도 할머니 나이가 되었나 보다' 하고 스스로를 위로했다.

'승우가 나를 친할머니처럼 편안하게 생각해서 그런가 보다.'

이렇게 생각이 한 발 나아가니 섭섭한 마음이 한결 정리가 되었다.

승우가 할머니라고 부르니까 정말 친할머니가 된 것처럼 승우에게 더욱 관심이 갔다. 녀석이 잘 노는지 잘 자는지 눈여겨보게 되었다. 승우도 손주처럼 굴었다. 낮잠 시간에 누워서 칭얼거리다가 복도에서 내 목소리가 들리면 재빨리 달려 나와서 손을 끌고 자기 이부자리로 데리고 갔다. 그러고는 제 가슴에 내 손을 끌어다 올려두고는 토닥토닥 자기를 재워 달라고 했다. 가끔은 어부바 해서 재워 달라고도 하고, 놀다가도 교실 밖에 있는 나를 보면 할머니라고 부르며 마구 달려 나온다.

　솔직히 승우의 '할머니 사랑'이 다른 친구들에게 행여 방해가 될까 조심스럽기는 하다. 담임선생님에게 미안하기도 해서 나는 승우 눈에 안 띄게 조심조심 복도를 지나다닌다.


　4월 어느 날, 같은 반 친구 은지가 승우를 따라 했다.

　"할머니!"

　옆 반 지윤이도 아침 통합수업 놀이시간에 이렇게 말했다.

　"할머니 뭐해?"

　아이들이 하나둘씩 나를 할머니라고 부르기 시작한 것이다. 나는 두 귀를 의심했고, 선생님들은 난처해서 어쩔 줄 몰라 하는 표정이었다. 나도 당황스러운 나머지 두 손을 얼굴에 갖다 대고 우는 시늉을 했다.

　"잉잉, 나는 할머니 안 할래! 선생님 하고 싶어! 잉잉."

　세 살 천사들은 눈을 똥그랗게 뜨고는 곁으로 다가와 토닥토닥 내 등을 두드려 주었다.

　입학한 지 3개월이 지나자 승우는 나를 이렇게 불렀다.

　"원땅 떤때미(원장 선생님)."

　승우 어머니에게 '원장 선생님'이라고 부르도록 가르쳤냐고 물으니, 아니라고 했다.

　아이들은 정말 신비롭다. 4월의 그날 서운해 했던 내 마음을 읽은 것일까? 한편으론 어눌한 발음으로 애써 '원땅 떤때미'라고 불러준 승우가 대견스러웠다. 그렇다고 승우가 호칭을 완전히 바꾼 것은 아니다. 친구들과 한창 놀이에 빠져 있다가 나를 보면 예전처럼 '함머니' 하고 부르면서 달려오기도 한다. 반가운 마음이 앞서서 그런 것이다.

유아교육 현장에서 28년째 근무를 하다 보니 어느새 어린이집 모든 아이들의 할머니가 되었다. 눈에 넣어도 아프지 않을 손자, 손녀들이 아침마다 다가와 나를 안아준다. 그 사랑에 보답하기 위해 예쁜 목소리로 사랑을 듬뿍 담아 도레미파솔, '솔' 톤으로 한 명씩 아이들의 이름을 불러주고 등을 토닥여준다.

"오늘도 친구들과 재미있게 사이좋게 지내자. 사랑해."

귓가에 속삭여준다. 아이들은 고개를 끄덕이며 새끼손가락을 걸어서 약속까지 한다. 아이들의 까만 눈망울, 행복한 미소는 할머니에게 보내주는 특별한 선물이다.

나는 아이와 포옹을 하면서 혹시 미열이 있는지 두 볼도 만져보고 이마도 만져보면서 건강상태를 체크한다. 너무 꽉 끼는 옷은 활동에 불편하기 때문에 사물함에 들어 있는 여벌로 갈아입히도록 하고 하원할 때 바꿔 입혀서 보낸다. '할머니스러운' 행동이다.


어느 날 자유놀이 시간에 승우가 내 옆에 앉아 자동차를 가지고 놀면서 혼잣말을 했다.

"내 할머니 아니야. 원장 선생님이야."

깜짝 놀란 나는 이렇게 대꾸했다.

어느새 어린이집 모든 아이들의 할머니가 되었다.
눈에 넣어도 아프지 않을 손자, 손녀들이
아침마다 다가와 나를 안아준다.
그 사랑에 보답하기 위해 예쁜 목소리로 사랑을 듬뿍 담아
도레미파솔, '솔' 톤으로 한 명씩 아이들의 이름을
불러주고 등을 토닥여준다.

"맞아, 승우야. 승우 할머니 아니고 원장 선생님이지."

기특하면서도 내심 내 할머니가 아니라고 말하니 서운하기도 했다.

승우는 이제 친할머니와 나를 구분할 줄 알고, '원장 선생님'이라는 단어도 정확하게 발음할 줄 안다. 승우를 만난 지 5개월째 접어들면서 하루가 다르게 어휘력이 발달하는 승우와 마주칠 수 있었다. 승우를 통해 영아기의 언어발달은 개인 차이가 많고 발달속도가 매우 빠르다는 것을 알 수 있었다. 어른들은 아이들이 자라는 모습을 "여름날 오이 크듯이 쑥쑥 자란다."라고 표현한다. 아이들은 정말 오이처럼 자란다. 신체뿐만 아니라 생각하는 능력도 하룻밤 자고 나면 몰라보게 쑥쑥 커 있는 오이처럼 자란다. 아이들과 함께 지내면 이 변화를 피부로 느낄 수 있다.

승우는 요즘 배변훈련을 시작했다. 어느 날 유아용 소변기 앞에서서 기저귀를 내리고 배를 앞으로 쭉 내민 승우.

"아빠처럼 쉬하자. 쉬……."

한참 동안 쉬 소리를 했지만 소변이 나오지 않았다.

"애벌레가 기분이 안 좋아."

"승우야 애벌레가 어디 있어?"

뜬금없는 말에 담임이 물었다. 승우는 쉬 하려고 내밀고 있는 고추를 가리켰다. 쉬가 나올 때 움직이는 고추가 애벌레를 닮았다는 것이다. 기다려도 마음처럼 쉬가 나오지 않으니 애벌레가 기분이 안 좋다고 표현을 한 것이다.

승우는 언어의 마술사다. 담임과 나를 깜짝깜짝 놀라게 한다. 복도에서 내 목소리가 들리면, "원장 선생님 보고 싶어 했는데." 하고 담임에게 말한다.

승우 할머니는 얼마나 승우가 예쁠까? 승우를 보면 나도 빨리 할머니가 되고 싶은 마음이 생긴다.

예비 할머니인 나는 출근만 하면 많은 손자, 손녀들을 볼 수 있다. 부모들이 가장 소중히 여기는 보석들의 할머니로 지내는 하루하루가 기쁘고 경이로우며 감사하다. 각양각색 저마다의 아름다운 빛으로 반짝이는 보석들과 함께 보내는 시간은 신이 나에게 주신 축복이다.

**2**

## 귀신보다 무서운 원장 선생님

"원장 선생님 억수로 무섭다이."

"응, 맞다. 귀신보다 더 무섭다이."

네 살 남자 아이 둘이서 나누는 이야기다. 나는 못 들은 척 아무 말 없이 원장실로 들어오며 씨익 웃기만 했다.

교실에서 선생님들은 아이들이 너무 고집을 부리거나 떼를 쓰면 무서운 존재를 불러낸다.

"원장 선생님! ○○ 좀 보세요!"

이렇게 원장 선생님을 부르는 흉내를 내면 아이들을 쉽게 달랠 수 있다. 그래도 안 되는 아이들에게는 엄포를 놓기도 한다.

"선생님과 약속을 너무 안 지키니까 원장 선생님 방에 가서 원장 선생님하고 이야기 좀 해야겠다."

나는 본의 아니게 악역 담당이 된다. 그것이 싫지는 않다. 귀신보다 더 무섭다는 말이 조금 서운하기는 하지만 아이들이 바른 행동을 배우는 데 희생양이 필요하다면 참을 수 있다.

무서운 원장 선생님이라는 소문이 도움이 될 때도 있다. 선생님들이 나서서 안 되는 일도 원장 선생님이 나서면 해결되는 경우가 많기 때문이다. 아이들은 친한 선생님의 말을 무시하는 경향이 있다. 자기에게 잘해주기 때문에 편하게 느껴서 그러는 것이다. 반면 무서운 선생님의 말은 귀담아 듣는다.

"유진이는 예쁜 아이라서 줄도 잘 서지? 차례를 지켜 주세요."

질서를 어기며 이리저리 뛰어다니는 아이에게 원장인 내가 지나가면서 한마디 하면 언제 그랬냐는 듯 줄을 선다. 어쩌다가 악당이 되었지만 필요한 역할임은 분명하다.

가정에서도 악역이 필요하다. 어머니가 다정하면 아버지는 약간 엄한 것이 좋다. 할머니가 아이들을 귀여워하면 할아버지는 조금 거리를 두는 것이 필요하다. 누군들 자기 자식이 귀엽지 않겠는가. 하지만 아이들에게 좋은 교육을 펼치려면 적당한 거리를 지킬 줄도 알아야 한다. 속담에서도 "귀엽다 귀엽다 하면 할아버지의 수염을 뽑는다."라고 하지 않았던가.

사회생활에 익숙하지 않은 아이는 자기중심적 행동을 많이 한다. 그런 아이가 무리에 섞이면 친구를 꼬집거나 때리는 경우도 종종 벌어진다. 이때 선생님의 훈육이 통하지 않을 때가 있다. 못 들은 척하기도 하고, 엉뚱한 이야기로 화제를 돌리기도 하고, 아예 고함을 지르며 달아나기도 한다. 가장 힘든 경우는 막무가내로 울어버릴 때이다.

가정에서도 아이가 이와 같은 행동을 보일 때가 있을 것이다. 어떻게 해야 할까? 가만히 놔두면 사회적 관계를 맺는 데 어려움이 생길 것이고, 그렇다고 고치려고 하면 저항감만 키운다. 방법은 원칙을 세우는 것이다.

처음에는 아이들에게 원칙이 낯설다. 자기 생각대로 행동할 수 없기 때문에 불편하기도 하다. 그래서 저항한다. 하지만 시간이 지나면 세상에는 원칙이 있다는 것을 알게 된다. 그리고 그 원칙을 지켜야 자신에게도 좋다는 것을 알게 된다. 그렇게 되기까지는 시간이 필요하다. 그래서 기다려줘야 한다.

기다리는 동안 선생님과 부모님은 원칙을 꾸준히 알려주어야 한다. 처음에는 저항하던 아이도 점점 원칙을 이해하고 받아들이게 되면서 적응하기 시작한다. 집에서는 뭐든 자기 마음대로 하던 습관이 조금씩 사회적 경험을 통해서 질서가 잡혀간다. 성장하는 것이다.

영아기는 아직 자기중심적 사고를 하는 시기라서 언어로 의사소통하기가 어렵다. 어린이집 영아반에서는, 자신이 갖고 싶은 장난감을 다른 친구가 갖고 있을 때 그 장난감을 차지하기 위해서 친구를 꼬집거나 물거나 때리는 상황이 종종 벌어진다. 이 시기에는 선생님이 훈육을 해도 행동 수정이 안 되는 경우가 많다. 몇 번이고 알아들을 수 있게 약속하고 또 약속해야 한다.

"친구 얼굴 때리면 돼요?"

"안 돼요!"

"친구에게 장난감 던지면 돼요?"

"안 돼요!"

참고로 선생님은 항상 높임말을 사용한다. 아이들이 선생님의 말을 따라 하는 시기이므로 어른들에게 높임말을 쓰도록 가르치는 방법이다.


대부분의 어머니들은 가정에서 아이들이 하고 싶은 대로 놔둔다. 그래서 무엇이 잘못된 행동인지 모르는 아이들이 있는 것이다. 가정에서도 자녀에 대한 규율이 있어야 한다. 다른 사람에게 방해가 되거나 위험한 상황이 벌어질 때는 재빨리 그 행동을 멈추도록 훈육해야 한다. 어린이집에서든 가정에서든 일관성 있는 교육이 필요하다.

가령 엘리베이터, 계단, 도로가 등에서 장난치는 것은 위험한 행동이므로 단호하게 훈육해야 한다. 식당에서 뛰어다니기, 도서관에서 떠들기 등 다른 사람에게 방해가 되는 행동도 마찬가지다. 집에서는 뭐든지 자기 맘대로 해도 되고 어린이집에서는 안 되는 일관성 없는 교육은 아이를 더욱 혼란스럽게 만든다. 그래서 규칙과 약속이 필요한 것이다.

귀신보다 더 무서운 원장 선생님이 어린이집에서 잘 지낼 수 있도록 원칙을 정하듯이 가정에서도 예의와 규칙을 가족들과 약속하고 지킬 수 있도록 생활화해야 한다.


유아교육은 가정교육, 사회교육 등의 비형식적 교육과 유치원,

어린이집과 같은 형식적 교육으로 구분된다. 근래에 와서는 비형식적 교육인 가정교육이 유아교육의 중요한 역할을 담당하고 있다. 유아의 바람직한 행동 변화는 어린이집의 교육만이 아니라, 가정에서의 엄마선생님과 아빠선생님의 관심과 사랑이 더해질 때 그 효과가 극대화된다. 행동 변화를 이룬 아이들의 미래는 행복하게 펼쳐질 것이다.

친구들과 사이좋게 지내고 선생님과의 약속에 귀 기울이게 된다면, 내가 귀신이면 어떻고 호랑이면 어떠랴. 아이들을 위해서라면 악역도 두렵지 않다.

나를 귀신보다 무섭다고 이야기하는 두 왕자님이 마냥 예쁘고 사랑스럽기만 하다.

**3**

## 내일 올게, 이따 보자

"연호야, 안녕하세요?"

아침 등원버스에서 내려 들어오는 세 살 연호를 맞이하며 배꼽인사를 건넸다. 연호는 들은 척도 하지 않는다. 그저 신발을 벗어 들고는 "연호. 연호" 자기 이름을 부르면서 신발장 앞으로 간다. 자기 얼굴 사진과 이름이 적힌 자리에 신발을 나란히 넣고서야 배꼽인사를 한다.

"호당 선생님(원장 선생님), 안녕하세요?"

2학기에 접어들면서 선생님의 도움을 거부하고 스스로 할 수 있는 것은 이제 꼭 자기가 하려는 모습이 기특하다. 두 팔을 벌리니, 달려와서 와락 안긴다.

"연호야, 오늘도 친구들과 사이좋게, 재미있게 지내자."

갖고 싶은 것이 있으면 막무가내 친구 것을 뺏으려고 하는 연호와

내일 온다는 아이를 배웅하면서
천사들과 함께 지내는 일상에 새삼 감사를 느낀다.
그 감사에 젖은 채 조용히 현관문을 닫는다.
'나는 참 행복한 사람이야.'

마주칠 때마다 안아 주면서 약속을 하는 것이다.

"응."

등을 토닥토닥해 주자 이내 자기 교실로 달려간다. 친구들과 담임 선생님이 보고 싶어 얼른 교실로 들어가다가 불쑥 나에게 고개를 돌려 말한다.

"내일 올게."

'조금 이따 보자.'라는 말을 어디서 배웠는지 '내일 올게'라고 말한 것이다.

"그래, 친구들에게 잘 가. 이따 보자, 연호야."

내가 보고 싶을 때면 문득문득 혼자 교사실로 들어오던 연호가 이제는 교실에서 생활해야 한다는 것을 알게 되었다. 가끔 전달사항이 있어서 내가 교실에 들어가면, "잘 가. 안녕." 나더러 얼른 교사실로 가라고 손짓한다. 교실 문까지 닫는다. 내가 있어야 할 곳, 자신이 있어야 할 곳을 알고 구분을 짓게 된 것이다.

'연호가 이제 많이 컸구나.'

규칙을 알아가는 모습이 대견해 나는 혼자 미소를 지으며 교사실로 돌아온다.

언젠가 하원 담당 선생님이 하원 지도를 하고 있을 때였다. 연호가 복도에서 하원 준비를 하고 있다가 내 손을 잡고는 "띵똥"을 하러 가자고 했다. '2층 형님 반 교실 입구에 붙인 벨을 보았나 보다' 싶어 2층으로 올라가자고 손을 잡으니, 현관 밖으로 가자고 손을 이끌었다. 그러고는 현관 벨을 눌렀다. "띵똥" 벨소리가 들렸다.

"연호 왔어요."

연호는 즐겁게 소리치며 문 안으로 들어왔다.

"어머나, 연호 왔구나! 안녕하세요? 어서 와."

하원 담당 선생님은 연호의 행동이 귀여워서 마치 아침 등원처럼 격하게 재치 있는 반응을 해 주었다.

연호는 아침마다 차량 등원을 하기에 선생님이 현관문을 활짝 열어둔 채 여러 친구들을 함께 맞이한다. 그래서 연호는 개별 등원 하는 친구가 누르는 벨소리가 무척 부러웠던 것이다. 연호는 하원 차를 기다릴 때 개별 하원 하는 친구나 형아 어머니가 벨을 누르면, "누구세요?" 하고 선생님보다 먼저 대답한다. 현관문을 열고 다른 어머니가 들어오면, 선생님과 똑같은 말투로 크게 외친다.

"형아 어머니 오셨어요!"

형아 어머니도, 선생님도 연호의 애교에 한바탕 크게 웃는다.

아이들은 등원 할 때 '땡똥' 벨을 누르고 싶고, 하원 때는 엄마가 데리러 오기를 기다린다. 그것이 아이들의 마음이다.

연호 어머니도 가끔은 직접 연호를 데려가려고 찾아온다. 그럴 때면 연호는 엄청 좋아한다.

"연호 엄마 오셨어요. 연호 엄마요."

함박웃음으로 자랑을 한다.

"원장 선생님, 안녕히 계세요. 내일 올게."

서툰 발음으로 예쁘게 배꼽인사를 한 뒤 나를 안아주고 볼 뽀뽀까지 한다. 그러고 나서야 엄마 손을 잡고 신나게 현관문을 나선다. 하지만 이게 끝이 아니다. 몇 번이고 뒤돌아보며 손을 흔든다.

내일 온다는 연호를 배웅하면서 천사들과 함께 지내는 일상에 새삼 감사를 느낀다. 그 감사에 젖은 채 조용히 현관문을 닫는다.

'나는 참 행복한 사람이야.'

**4**

## 동생이라는 손님

"싫어, 싫어!"

"아니야. 선생님은 성민이가 좋아."

교실에서 성민이와 선생님의 목소리가 울려 퍼진다. 어쩐 일인지 성민이의 목소리는 점점 높아지는데, 선생님의 목소리는 점점 더 부드러워진다. 사실 선생님은 부드러워지려고 애쓰고 있는 것이다. 하지만 선생님의 노력에도 아랑곳하지 않고 성민이의 짜증은 계속된다.

선생님은 온갖 방법을 총동원하여 성민이를 돌보고 있었다. 성민이에게 얼마 전 예쁜 남동생이 생겼다. 동생을 출산하기 위해 엄마가 산부인과에 입원한 날부터 성민이의 행동은 평소와 달라지기 시작했다. 동생이 태어난 후 엄마가 산후조리원에서 2주 정도 몸조리를 하는 동안도 마찬가지였다.

평소에는 한 번도 말한 적 없는 '싫어'라는 단어를 사용했다. 어디서 배웠는지 정확한 발음으로 강도를 점점 높여가며 반항을 시작했다. 친구와 놀이할 때도, 간식을 먹을 때도, 점심을 먹을 때도 성민이의 투정은 끝이 없었다.

토닥여서 낮잠을 재우고 나면 잠든 시간에만 예전처럼 사랑스러운 모습일 뿐, 어린이집에 등원해서 하원할 때까지 성민이의 투정은 계속되었다. 성민이 반은 물론 1층 모든 교실에 칭얼거리는 목소리가 울려 퍼져서 다른 반 친구들도 힘든 시간을 보내야 했다. 때로는 내가 달려가서 업어주기도 했지만 성민이의 마음은 예전처럼 편안해지지 않았다.


아이들은 동생이 태어나면 힘들어 한다. 정도의 차이는 있지만 신기하게도 평소와는 다른 미운 행동을 한다. 친구에게 짜증을 부리고, 장난감을 던지거나 뺏으려고 하고, 마음대로 안 되면 때리거나 꼬집기도 한다.

성교육전문가 구성애 선생은 부모교육 강의 때 동생이 태어난 아이들의 마음을 이렇게 표현했다.

"동생이 태어난다는 것은, 남편이 사랑하는 여자를 집에 데리고 와서 아내에게 '여보 이제부터 우리 집에서 함께 살 사람이야. 당신이 우리 집에 대해서 잘 아니까 이 사람에게 이것저것 잘 좀 가르쳐 줘.'라고 아내에게 말하는 충격과 똑같습니다."

어린이집에서 동생이 생긴 아이들을 보면 구성애 선생의 표현이 정확하게 맞다는 것을 알 수 있다.

엄마가 동생을 출산하러 병원에 가는 날부터 아이는 사랑하는 엄마와 떨어져서 생이별을 해야 한다. 며칠이 지나 보고 싶었던 엄마를 만나러 병원에 가면 불룩했던 엄마 배 속에서 태어난 동생과 불쑥 마주한다. 어른들 모두 '네 동생'이라는 것을 강요하며 예뻐해 주라고 말한다. 큰아이의 입장에서는 억장이 무너지는 일이다. 엄마의 사랑을 동생과 나누어 가지라고 모두가 강요하니, 아이는 동의하기가 어려운 것이다.

엄마에게 동생을 낳아달라고 부탁하거나 졸라대지도 않았다. 본인의 의사와는 상관없이 태어난 동생이다. 그런데 엄마 아빠의 사랑을 나누어 가져야 한다. 손님은 우리 집에 며칠 머물다 자기 집으로 가기라도 하건만, 동생이라는 손님은 가지도 않고 안방 차지에 엄마 차지까지 하고 있다. 할머니, 할아버지도 우리 집에 오면 아기만 들여다보고 있다. 처지가 이렇게 달라졌는데 어찌 동생이 태어난 후 마음이 편하겠는가?

오롯이 자기만 예뻐했던 엄마가 하루 종일 동생만 돌보고 있으니 미울 수밖에 없는 노릇이다. 엄마와 동생이 없는 어린이집에 오면 아이는 그동안 참고 있던 분노가 터진다. 짜증과 고집이 친구들에게, 선생님에게 날아가는 것이다.

동생이 태어나면 선생님들은 어린이집 '낮 엄마'가 된다. 더 많이 챙겨주고, 안아주고, 이야기 나누고, 격려하고, 지지해준다. 동생이 눈에 안 보이는 동안 엄마를 대신한 낮 엄마의 사랑을 듬뿍 받고 편하게 지낼 수 있도록 애쓰고 노력한다.

지난해 4세 반 영이는 어린이집에 와서 하루 종일 투정부리고 울기만 했다. 새 학기 내내 울었다. 어떤 것도 마음에 들어 하지 않았다. 담임선생님이 많이 고생했고, 친구들도 종일 울어대는 영이와 함께 지내느라 힘들었다. 엄마가 동생은 집에 두고 자기만 어린이집에 보낸다는 생각이 영이의 마음을 괴롭혔던 것이다.

그렇게 힘든 1년을 보내고, 올해는 동생과 함께 어린이집에 등원을 한다. 작년과 다르게 울지 않고 동생을 잘 챙기는 누나가 되었다. 아침에 둘이 함께 등원을 하다 보니 엄마가 동생을 더 많이 사랑한다는 생각도 하지 않게 된 것이다.

둘째가 태어날 때 첫째와 나이 터울이 많으면 동생이 태어나도 시샘하지 않는다. 동생이라는 존재의 의미를 알고, 엄마에게 '나도 친구처럼 동생이 갖고 싶다.'는 표현도 한다.

"엄마, 나도 동생 하나 사주세요."

"엄마, 나도 동생 낳아주세요."

이렇게 엄마에게 때를 쓸 만큼 큰 갈등을 느끼지 않는다. 동생을 예뻐하고 보살펴 주는 형, 누나, 언니가 된다.

5세 반 민주는 얼마 전 네 살 터울의 동생이 태어났다. 민주는 동생이 태어나도 평소와 다르게 미운 행동을 하지 않았다. 평소에 동생이 있는 친구를 무척 부러워했었고 동생을 갖고 싶어 했기 때문에 오히려 동생이 생겼다고 자랑하고 기뻐했다. 엄마를 도와주기까지 했다.

어린이집 아이들이 동생이 태어나 힘들어 하는 모습을 자주 지켜본 나는 동생과 30개월 이상의 나이 차가 나는 것이 큰아이에게 좋다고 생각한다. 작년에 연년생으로 동생이 태어난 아이가 있었다. 큰아이는 어린이집에 등원하자마자 선생님에게 안아달라며 항상 두 팔을 벌렸다. 하원할 때까지 종일 안아달라고 투정을 부렸다. 아직 엄마의 품속에서 사랑받으며 지내야 하는 시간을 연년생 동생에게 빼앗긴다는 것은 영아기 아이에게는 가장 힘든 '사건'인 것이다.

우리 집 두 아이는 34개월 차이가 난다. 큰아이는 엄마 배 속에 아기가 자라고 있어서 점점 배가 불러온다는 것을 잘 알고 있었다. 엄마 배에 귀를 기울이기도 하고 배 속 아기에게 이야기도 들려주었다. 그랬던 첫째가 동생이 태어난 날부터 심하게 열병을 앓았다. 소아과 의사 선생님도 고열의 원인을 알 수 없다고 했다. 출산한 딸 들여다보랴, 아픈 손녀 간호하랴, 친정어머니가 며칠 사이 수척해질 정도였다.

고열로 고생하는 첫째가 안쓰러워서 하는 수 없이 산부인과 입원실에서 함께 지냈다. 불편한 병실이지만 엄마 옆에서 놀게 하고, 함께 자고 했더니 조금씩 열이 떨어지면서 정상으로 돌아왔다. 동생이 태어나는 바람에 처음으로 엄마와 떨어져 있다 보니 가슴앓이로 병이 났던 것이다. 퇴원 후 집에 돌아오자 딸은 아기와 엄마 사이에서 잠자고 싶어 했다. 잘 때는 엄마 손을 꼭 잡고 엄마가 자기 옆에 있다는 것을 확인하면서 잤다.

우리 집 첫째도 동생이 생기고 난 후 "안 해, 안 해!"라는 말을 많이 했다. 평소와는 달리 엄마와 할머니 말도 안 듣고 미운 행동을 많이 했던 기억이 난다. 동생에게 빼앗긴 엄마의 관심을 끌기 위해서 한 행동이었던 것이다.

큰아이에게 동생을 예뻐하라고 너무 강요해서는 안 된다.

"엄마는 아기보다 너를 더 사랑해. 아기는 어려서 아무것도 할 수 없으니까 엄마가 도와주려고 하는데 그래도 되겠니?"

"아기가 배고프다고 우는데 어떻게 할까?"

큰아이가 동생을 받아들일 때를 기다리며 동의를 구하듯 대화를 하는 것이 좋다. 그렇게 여러 번 되풀이하면 큰아이가 오히려 동생을 챙기기도 한다.

"엄마, 아기 울어요. 엄마가 도와주세요. 배고픈지, 응가했는지 보세요."


나는 성민이 어머니와 긴 시간 전화상담을 나눴다. 어머니는 아기에게 모유를 먹이고 있으면 성민이가 눈을 흘기며 지나간다고 했다. 그래서 모유를 먹일 때조차 성민이 눈치를 보게 된다고 했다. 심지어 성민이는 아기가 자고 있으면 장난감으로 톡 때리고 가기도 한다고 했다.

여전히 성민이는 어린이집에서 투정을 부린다. 성민이가 엄마를 사랑하는 만큼 동생이 미운 것이다. 동생이 하루 이틀 머물다 가는 손님이라면 좋을 텐데 매일 엄마 곁에 살고 있으니 힘든 것이다.

그래도 조금씩 나아지고 있다. 벌써 동생이 태어난 지 백일이 다 되어 가는데, 선생님의 지극한 사랑과 보살핌 속에서 성민이의 짜증을 대변하는 '싫어!'라는 단어를 쓰지 않게 되었다.

예전처럼 방긋방긋 웃으며 편안해지고 있는 중이다. 엄마, 아빠의 역할도 컸다. 성민이가 서운하지 않도록 더 많이 안아주고, 열심히 놀아주고, 눈 마주치면서 이야기한 결과 성민이가 동생보다 더 많이 사랑받고 있다는 것을 느끼게 된 듯하다.

부모님이 담임선생님과 나의 상담에 귀 기울이고 함께 노력한 덕분에 성민이의 투정은 갈수록 줄어들고 있다. 성민이는 아기가 잠깐 엄마 곁에 온 손님이 아니라 자신의 동생이라는 혈연적 관계를 받아들이고 있는 중이다. 아이들도 마음 아픔을 겪으며 점점 자란다. 몹시 아팠을 성민이는 머지않아 동생을 아끼고 챙기는 멋진 형이 될 것이다.

5

# 잘 자, 안녕

아이들이 낮잠을 잘 자는지, 아직 놀고 있는지 보려고 연두반 교실 문을 조심스레 열었다.

"안녕, 잘 자."

준우가 누운 채 손을 흔들며 인사를 한다. 준우는 자기가 낮잠을 자는 시간에 선생님들도 모두 낮잠을 자는 것으로 알고 있나 보다.

"그래, 준우도 잘 자."

준우는 옆으로 두세 번 뒹굴다가 벌떡 일어나 교실 문 앞에 서 있는 나에게로 다가왔다.

"저기 가. 잘 자. 안녕."

나더러 얼른 사무실로 낮잠을 자러 가라고 한다. 나의 답례에 준우는 손바닥을 자기 입에 갖다 대고는 손바닥 뽀뽀까지 쪽 날려 보냈다. 참 대견한 낮잠 인사다.

"그래, 잘 자. 친구들 모두 잘 자."

나는 조용히 교실 문을 닫고 자러 가는 척 복도의 형광등을 껐다. 자기들 낮잠 시간에 어른들도 모두 함께 잠을 잔다고 생각하는 준우가 기특하고 사랑스러워 혼자 미소를 지었다. 아이의 긍정적인 변화는 아이를 가르치는 사람에게 큰 보람을 안긴다. 그날은 준우가 내게 그 보람을 주었다. 준우는 어휘력도 하루하루 늘어가고 있다.


입학해서 한 달이 지나면 모든 아이들이 어린이집에서 낮잠 자는 것에 익숙해진다. 간혹 집이 아닌 낯선 곳에서 잠들기 힘들어 하는 아이가 있는데, 이때는 포대기로 어부바를 한다. 그런데 요즘엔 어부바를 모르는 아이들이 많다. 엄마들이 아기띠로 앞으로만 안다 보니 어부바를 하면 우는 아이가 있다. 그래도 환경 적응을 어려워하는 아이는 꾸준히 어부바를 해서 재운다. 아이는 어른 등에 가슴이 닿으면 안정감을 느끼기 때문이다. 일주일 정도 포대기로 업고 재우면 낮잠 시간에 적응하게 된다.

어부바로 낮잠에 적응한 아이들은 원장 선생님을 보면 환하게 웃는다. 허리 아프고 힘든 만큼 내 따뜻한 사랑이 전해진 것이다. 아이들은 나를 자기를 편안하게 해주는 사람으로 여기게 된 것이다.

낮잠은 만1세에서 만3세까지 반드시 필요한 하루일과이다. 아이들은 낮잠을 자는 시간에 신체적 발달과 정신적 발달을 함께 이룬다. 낮잠을 안 자거나 못 자면 아이들은 예민해져 짜증이 심해진다. 편식할 가능성도 높아져 튼튼하게 자라지 못할 수도 있다. 잘 먹고

스킨십으로 아이를 재운다. 바람직하다.
아이의 가슴을 토닥이거나 등을 문지르거나
배 마사지를 하면 아이들이 편안하게 잠들 수 있다.
'잘 자라, 우리 아가' 토닥토닥 아이를 재우는 손길은
엄마의 가슴에서 아이의 가슴으로
사랑이 전달되는 통로인 것이다.

잘 자고 잘 싸는 아이들이 신체적, 정신적으로 건강하고, 성격도 밝고 긍정적이다.

집에서 혼자 놀다가 지쳐서 잠드는 습관이 된 아이들이 있다. 이런 아이들은 어린이집 단체생활에서 다른 친구들을 힘들게 한다. '낮잠 자는 시간'이라는 개념을 모르기 때문에 자는 친구를 깨우고, 자기가 놀고 싶은 놀이를 하려고 일어서서 돌아다니다 보니 친구들을 밟거나 낮잠 자는 것을 방해하게 된다.

가정에서도 먹는 것부터 잠자는 것까지 어느 것 하나 소홀히 해서는 안 된다. 자녀를 아끼고 사랑하는 만큼 잘 먹이고 잘 재워야 한다. 먹을거리도 사 먹이기보다는 직접 만들어서 먹이도록 노력하고, 엄마의 사랑으로 아이들을 키워야 한다. 엄마의 사랑이 기초가 되어 있지 않으면 선생님의 사랑이 아이에게 잘 전달되지 않는다. 사랑받고 자란 아이는 선생님의 사랑도 쑥쑥 받아들여서 건강하게 잘 자란다.

보통의 어머니들은 스킨십으로 아이를 재운다. 바람직하다. 아이의 가슴을 토닥이거나 등을 문지르거나 배 마사지를 하면 아이들이 편안하게 잠들 수 있다. '잘 자라, 우리 아가' 토닥토닥 아이를 재우는 손길은 엄마의 가슴에서 아이의 가슴으로 사랑이 전달되는 통로인 것이다. 자장가를 불러주거나 조용한 음악을 틀어놓고 잠자는 시간이라는 것을 알도록 습관화 시키는 것이 중요하다. 낮잠도, 밤잠도 마찬가지이다. 이때 편안한 옷과 낮은 밝기의 조명은 기본이다.

여름방학을 지나고 2학기에 접어들면서 준우는 담임선생님과 나를 '짝지'라고 불렀다. 어디서 배운 단어인지 궁금해서 어머니에게 물어보니 한 번도 아이 앞에서 그 단어를 말한 적이 없다고 했다. 준우는 나에게 짝지라고 말하며 손을 잡아끌면서 교실로 들어오라고 한다. 한동안은 '엄마'라고 부르다가 이제는 '짝지'라고 부르는 것을 보니 좋아하는 사람에게 쓰는 단어임이 틀림없는 것 같다.

준우를 보면 "사랑은 말과 행동으로 표현하는 것이다."라는 말이 무슨 뜻인지 잘 이해된다. 아무리 좋아하고 관심이 많아도 말로 표현하지 않는다면 상대방은 그 사람의 마음을 알 수가 없는 법이다. 준우는 아침에 등원해서 눈이 마주치면 배꼽인사를 한다. 그러고는 치아가 다 드러나도록 환하게 웃는다. 마치 사랑하는 애인과 약속한 장소에서 만나 처음 눈이 마주쳤을 때 보내는 환한 미소 같다.

점심시간에 나와 마주치면 얼른 달려와 손을 잡아끌면서 자기 옆에 앉으라고 한다. 숟가락을 건네고는 밥을 떠먹여 달라고 한다. 할 수 없이 붙잡혀서 준우는 물론 팔이 닿는 친구들 모두에게 먹는 걸 도와준다. 가까이 곁에 오고 싶어도 표현하지 못하는 아이들이 있기 때문에 골고루 관심과 사랑을 표현하도록 노력하는 것이다.

준우가 "준우! 준우!" 하며 자기 이름을 크게 말할 때가 있다. '나도 하고 싶어요', '도와주세요'라는 의미가 담긴 말이다. 의사표현을 잘하는 영아들은 부모님이 칭찬을 많이 하며 키운 덕분이다. 작은 일에도 크게 칭찬하고, 격려하고, 눈도 자주 마주치고, 함께 놀아준 영향이다. 부모의 사랑을 많이 받고 자란 아이는 자존감이 높다.

"저기 가. 잘 자. 안녕."

사랑스러운 천사, 준우의 낮잠 인사말을 떠올리며 오후 업무를 시작한다. 낮잠 자는 천사들의 꿈속으로 재잘거림이 따라가서 어린이집이 조용하다. 잔잔한 선율의 자장가 소리만 복도에 울려 퍼지고 있다.

6

## 오이 잎을 자르다가

식목일 아침이면 어린이집에 토마토 냄새가 진동을 한다. 손가락 만 한 모종에서 빨갛게 잘 익은 토마토 냄새가 난다는 것은 참 신기 하다. 해마다 식목일이 되면 아이들에게 나무 심는 날의 의미를 가르 치기 위해 묘목 대신 예쁜 풀꽃을 준비해서 작은 화분에 담아 집으로 보냈다. 아이들이 직접 물을 주고 꽃을 키워보도록 하는 것이다. 5년 전부터는 꽃 대신 방울토마토 모종을 심어서 집으로 보내고 있다.

일주일 전에 집에서 보내온 재활용 페트병을 잘라서 화분과 물 받 침대를 만든다. 아이들이 직접 아크릴 물감으로 그림을 그려 예쁜 화분을 미리 준비해 둔다. 기다리던 식목일이 찾아오면 영양토를 반 쯤 깔고 방울토마토 모종을 심은 뒤 그 위를 거름으로 가득 채운다. 모종 이름과 심은 날짜를 적은 푯말을 세우고 아이들 이름 스티커를 붙이면 근사한 방울토마토 화분이 완성된다. 하원길에 아이들은 저마다 화분을 하나씩 들고 집으로 간다.

아이들은 손수 물을 주고 햇볕을 쪼이면서 방울토마토를 키운다. 그러면서 식물의 성장에 자연스레 관심을 갖는다. 드디어 방울토마토가 열리면 어머니들이 각 반 밴드에 사진을 올려서 자랑을 한다. 방울토마토가 학부모 간 소통의 매개체가 되는 것이다.

어린이집 텃밭에도 식목일에 열 포기 정도의 방울토마토 모종과 딸기, 오이, 고추 모종을 심는다. 아이들에게 식물이 어떻게 자라는지 볼 수 있는 자연학습장이 만들어지는 것이다. 나는 농사를 지어본 적도 없고 시골에서 자라지도 않았다. 아이들에게 식물의 성장을 보여주고 싶어서 지인에게 묻고 물어서 모종을 심고 키우는 것이다. 텃밭은 작은데, 심고 싶은 작물은 많아서 네모난 재배화분과 동그란 플라스틱 화분 모두에 거름을 채워서 방울토마토 모종을 심는다.

두 평 남짓한 텃밭이라도, 밭에 심은 식물과 화분에 심은 식물은 떡잎부터 다르게 자란다. 똑같이 물을 주고 정성을 들여도 화분에서 자라는 방울토마토의 줄기는 나무젓가락 두께를 넘지 못하고 잎의 색깔도 진녹색으로 물들지 못한다. 방울토마토도 서너 개 열리고 만다. 하지만 텃밭에서 자라는 방울토마토는 밤잠을 자고 나면 잎이 진녹색으로 변하고, 두 손이 모자라 작은 통을 준비해야 할 만큼 많은 열매를 맺는다.

방울토마토는 본줄기가 아닌 옆 줄기가 가지 사이에서 돋아나면 잘라주어야 한다. 그래야 줄기가 튼튼해지고 굵은 방울토마토가 많이 열린다. 오이는 열매가 잘 자라도록 하기 위해서 오이 잎이 너무 무성해지지 않도록 뿌리에서 가까운 큰 잎을 하나씩 잘라준다.

어느 날 뿌리 쪽에 커다랗게 자란 오이 잎을 자르다가 본줄기를 싹둑 잘라버렸다. 잎으로 잘못 보고 실수를 한 것이다. 잘린 줄기 위아래에서 가느다란 바늘 굵기의 물이 금방 올라오더니 똑똑 떨어졌다. 마치 오이가 아프다고 눈물을 흘리는 것만 같았다. 잘린 줄기에서 더 이상 물이 올라오지 않자 오이 줄기가 송골송골 아주 작은 솜털 같은 땀방울들을 내뿜었다. 내가 태어나서 처음 보는 정말 신기한 식물의 세계였다.

어린 시절 초등학교 앞에서 산 노란병아리가 삼사 일을 살다가 죽었을 때 몇 시간을 울었던 기억처럼 어찌할 바를 모르게 마음이 아파왔다.

"어머! 어머! 미안해 정말 미안해! 내가 모르고 줄기를 잘랐어. 정말 미안해."

얼른 테이프를 가져와 잘라진 줄기를 붙여서 동여맸다. 하지만 테이프 사이로 물이 배어 나왔다. 퇴근하자마자 오이 줄기를 자른 실수를 남편에게 말했다.

다음 날, 잘린 오이 줄기가 신경 쓰였던지 남편이 어린이집으로 왔다.

"아이고! 이게 응급처치라고 한 거야?"

남편은 어릴 적 시골에서 감나무 접붙이는 것을 보았다면서 줄기를 다시 잘라 동여맸다. 하지만 전날 내가 한 응급처치가 잘못된 채로 하룻밤을 지내서인지 오이는 점점 시들어갔다. 매일 텃밭에 가서

기도하는 마음으로 지켜보았지만 잎이 점점 말라가더니 급기야 줄기까지 바싹 말라서 죽어버렸다.

잎이 무거우면 무거운 대로 가만히 둘 걸 괜히 도와주려다 줄기를 잘라버렸으니 나의 실수로 한 식물을 죽게 만든 것이다. 말라버린 오이 줄기를 볼 때마다 미안한 마음이 들어서 가위로 조심스럽게 줄기를 잘라냈다. 도와주려고 했던 행동이 실수로 이어졌기에 그날 이후 다른 오이는 아무리 잎이 많아 무거워 보여도 절대로 잎을 잘라주지 않았다. 갈색으로 말라버린 잎만 손으로 조심스레 잘라주었다.

'사랑'이라는 거름만 있다고 해서 식물이 잘 자랄 수 있는 것은 아니다. 물을 주는 시기 등의 '지식'이 바탕이 되어야 함은 물론이고, 햇빛, 공기, 그늘이 함께하는 '협력'도 필요하다.

사람을 농사짓는 '교육'도 마찬가지가 아닐까 싶다. 아이들을 사랑하는 기본적인 마음 위에 선배들이 남겨놓은 지식과 지혜를 잘 선택하여 어른들이 서로 협력해야 진정한 교육을 할 수 있는 것이다.

우리 아이들에게 숨겨 있는 재능의 씨앗들이 많이 열릴 수 있도록 어른들은 텃밭과 같은 너그러움을 보여주어야 한다. 우리 아이들에게 도움과 자립에 대해 가르치려면 오이의 눈물과 같은 실수에서 배울 수 있어야 한다.

가르치기 위해 배우는 것은 곧 배우기 위해 가르치는 일이기도 하다. 사람을 농사짓고 있는 교육자인 우리는 늘 가르치고, 늘 배우고 있다.

## 길냥이의 보은

아침마다 어린이집 부엌 뒷문 앞에는 노랑이, 깜장이, 깜장얼룩이, 세 마리의 고양이가 앉아 있다. 3년 전 잠시 근무했던 65세 할머니 조리사 선생님이 근무할 때부터 찾아온 고양이 손님이다. 음식물 쓰레기통을 뒤져 먹이를 찾는 길고양이들이 안쓰러운 마음에 조리사 선생님은 육수를 끓이고 버리는 국물용 멸치를 빨간 플라스틱 그릇에 담아 고양이들이 먹을 수 있도록 했다.

오늘도 세 마리 고양이는 조리사 선생님보다 먼저 출근을 해서 아침식사를 기다리며 앉아 있다. 길고양이들은 사람이 옆에 다가가거나 눈빛이 마주치면 재빠르게 도망가는 습성이 있다. 내가 멸치를 갖다 놓을 때도 마찬가지다. 세 마리가 잽싸게 멀찌감치 도망을 가서 먹이를 쳐다보다가 내가 부엌으로 들어온 후에야 먹이통 가까이로 온다.

어린이집 아이들은 고양이를 무척 좋아한다.
아이들은 1층 그네놀이터 입구에서,
먹이를 먹은 후 햇살을 받고 앉아 있는
고양이들을 가끔 볼 수 있다.

고양이와 눈이 마주치지 않도록 방충망을 닫고 문 안에서 가만히 지켜보면 고양이들만의 서열이 정해져 있다. 노랑이가 가장 먼저 먹고 나면 깜장이가 먹고, 마지막에 깜장얼룩이가 먹는다.

아침 시간에 바쁘지 않을 때는 조리사 선생님이 건져놓은 멸치를 그릇 세 개에 나누어 담아 거리를 두고 놓아준다. 그러면 고양이들은 서열대로 기다리지 않아도 된다. 많이 먹고 적게 먹는 것 없이 비슷한 양으로 한 마리씩 따로 느긋하게 아침식사를 한다.

어린이집 아이들은 세 고양이를 무척 좋아한다. 아이들은 1층 그네놀이터 입구에서, 먹이를 먹은 후 햇살을 받고 앉아 있는 고양이들을 가끔 볼 수 있다.

아이들이 등원하지 않는 주말에 나는 어린이집에 잠시 출근을 한다. 어린이집 현관 앞에 던져져 있는 재활용 쓰레기 망을 챙겨놓고, 음식물 쓰레기통을 씻어놓고, 월요일에 아이들이 먹을 보리차를 미리 준비해 둔다. 부엌 뒷문을 열면 사람소리를 듣고 달려온 건지, 부엌문이 열리기를 하염없이 기다렸던 것인지 고양이들이 기다리고 있다. 어느 날은 노랑이 혼자, 어느 날은 깜장이 혼자, 어느 날은 두 마리가 함께. 고양이들이 토요일, 일요일을 어떻게 알겠는가? 주말에는 멸치를 줄 수 없기에 고양이에게 주려고 미리 사다 놓은 사료를 그릇에 부어준다. 배가 많이 고팠는지 눈치를 보다가 방충망을 살짝 닫아주면 얼른 달려들어 먹는다.

요즘엔 길고양이 개체수가 늘어나서 골칫거리라고 한다. 아파트 단지의 경우 먹이를 주지 말라는 푯말을 붙여 놓기도 한다니, 길고양이가 미움을 많이 사는 것 같다. 하지만 나는 먹지 못해 뱃가죽이 등에 달라붙은 길고양이를 차마 내버려둘 수가 없다. 그래서 어차피 음식물 쓰레기통에 버려야 하는 멸치를 먹이로 챙겨준다.

할머니 조리사님이 맨 처음 멸치를 챙겨준 고양이는 깜장이의 어미였다. 이 녀석은 아주 나이가 많아 보였다. 털이 듬성듬성하고 덩치가 다른 고양이보다 한 뼘 정도 컸다. 몸은 하얀 바탕에 검정 얼룩이다. 조리사님과 나는 그 고양이를 '찐아'라고 불렀다. 찐아는 먹이를 먹고 나면 발라당 누워서 애교를 부리고 사람을 무서워하지 않았다. 집에서 키우던 고양이였는지 찐아는 우리를 보고 잠시 멈칫거리기만 할 뿐 도망을 가지 않았다. "찐아!" 하고 부르면 "야옹!" 하고 대답도 했다.

멸치를 먹이로 놓아둔 지 2주일이 지난 후에 충격적인 일이 일어났다. 아침에 출근했는데 어린이집 현관 앞에 죽은 쥐가 놓여 있었다. 선생님들이 기겁을 하고 소스라쳐서 한바탕 난리가 났다. 찐아가 물어다 놓은 것이었다. 자기가 제일 좋아하는 먹이인 쥐를 잡아서 우리에게 선물해 준 것이다. 그 후로 또 한 번 그런 일이 있었다. 고양이 찐아는 우리가 아침마다 챙겨주는, 금방 삶아 건져낸 촉촉한 멸치가 무척이나 맛있고 고마웠나 보다.

나이 많은 찐아가 며칠 보이지 않으면 행여나 죽은 건 아닌지 걱정이 되기도 한다. 그러다 보면 '찐아 살아 있어요. 걱정 마세요.'라고 알리듯이 한 달에 한 번 정도 먹이를 구하러 온다.

어느 날은 누구랑 싸웠는지 귀가 5센티 정도나 뜯겨서 왔다. 먹이를 먹는 동안 나는 일회용 비닐장갑을 끼고 상처 연고를 듬뿍 발라 주었다. 다행히 물거나 도망가지 않고 먹이를 먹으며 가만히 있어서 귀에 약을 발라줄 수가 있었다. 비닐장갑을 낀 김에 찐아 등을 쓰다듬어 주었다. 가만히 있었다. 길 고양이가 된 뒤에는 누가 찐아의 등을 만져준 적이 있으려나, 마음이 짠했다.

귀에 난 상처가 다 나았는지 걱정을 하고 있던 어느 날 찐아가 다시 왔다. 무척 반가웠다. 상처가 나았는지 보려고 가까이 가보았더니 귀는 꾸들꾸들 나아가는데, 이번에는 목 아래로 한 뼘 정도 심하게 상처가 나 있었다. 털이 다 뽑히고 피부가 빨갛게 드러나 있었다. 죽지 않고 살아 있다는 것이 다행이라고 느껴질 정도로 상처가 컸다. 어디서 다른 고양이와 심하게 싸운 건지, 사람이 놓은 덫에 목이 낀 것인지, 울타리를 빠져 나오다가 상처가 난 것인지 상태가 심각했다.

입 아래 목이라서 행여나 깨물기라도 할까 봐 약을 발라줄 수가 없었다. 내가 할 수 있는 일은 상처가 빨리 낫도록 먹이를 잘 챙겨주는 수밖에 없었다. 나이도 많은데 상처까지 나서 파상풍에 걸리지는 않을까 걱정되고 안타까운 마음에 눈시울이 붉어졌다.

그 후 한 달 정도 찐아는 어린이집에 오지 않았다. '상처가 덧나서 죽었나 보다.' 걱정을 하고 있던 어느 날 찐아가 찾아왔다. 다행히 상처는 많이 아물었고, 피가 나던 목에는 제법 털이 자라 상처를 많이 가리고 있었다. 길에서 살면서 상처가 생기고, 그 상처가 치유되고, 이렇게 스스로 살아가는 고양이의 삶이 신비롭고 대견했다.

찐아가 어린이집에 오는 날에는 노랑이, 깜장얼룩이가 모두 도망을 간다. 찐아 서열이 고양이들 중에 일순위인 듯했다. 찐아는 다치기 전 어느 날부터 새끼 깜장이를 데리고 왔다. 먹이를 주면 누가 오는지 주위를 경계하면서 깜장이랑 같이 먹이를 먹었다. 길고양이 찐아의 모성을 보면서 '제 자식 돌보지 않는 사람보다 낫다.'라는 생각을 한다.

항상 부엌 앞에서 아침식사를 기다리는 세 마리의 고양이 중에서 찐아의 아기 깜장이는 두 번째 서열이다. 엄마가 오든 안 오든 아침마다 부엌 뒷문에서 먹이를 기다리고 있다.

나는 고양이들이 대낮에 다시 찾아와서 꽉 닫힌 음식물통을 뒤지려고 애쓰는 모습을 보면 사료를 조금씩 부어준다. 길냥이의 보은을 바라서가 아니다. 배가 고파서 비쩍 말라가는 생명에게 인간으로서 해 줄 수 있는 최소한의 행동이라 생각하기 때문이다.


집에서 반려동물을 키우다 보니 길고양이가 예사로 보이지 않는다. 첫 번째 반려동물은 강아지로, 이름은 '차차'다. 설운도의 '차차차' 노래가 한창 유행할 때 지은 이름이다. 어릴 때 수의사가 꿈이었던 딸이 강아지를 키우고 싶다고 조르고 졸라서 산 하얀 푸들이다.

서울에서 대학입시를 치른 딸은 스무 살이 되던 해, 엄마 몰래 말티즈 한 마리를 더 사들였다. 그러고는 서울에서 강아지와 함께 살았다. 그 녀석 이름은 '나초', 지금 여덟 살이다.

딸이 대학교 2학년 때 오페라의 주연을 맡게 되었다. 연습하느라 잠잘 시간도 없이 바빴던 딸은 혼자 주인을 기다리며 긴 시간을 보내는 나초가 안쓰러워 잠시 우리 집으로 데리고 내려왔다. 그게 인연이 되어 오페라 공연이 끝난 뒤에도 나초는 우리 집에 머물렀다. 나이 든 형아 '차차'가 심심하다고 서울로 돌려보내지 않았다. 서울댁인 나초와 울산댁인 차차가 함께 살다가 '차차'는 열네 살에 하늘나라로 갔다.

지금은 딸도, 아들도 직장과 학업으로 서울에서 지내고 있다. 그러다 보니 나초는 우리 부부에게 아기처럼 사랑받으며 살고 있다.

어떤 환경, 어떤 부모 밑에서 자라는지에 따라 아이의 인생이 좌우되듯이 고양이도, 강아지도 마찬가지다. 사람들이 금수저, 은수저, 흙수저로 태어나서 각자 다른 환경에서 자라듯, 강아지나 고양이도 환경에 따라 집고양이가 되고 길고양이가 된다.

길고양이에게 먹이를 주는 것이 바람직한 행동인지 아닌지는 따지고 싶지 않다. 다만 길을 가다가 지나가는 길고양이가 뼈 모양이 드러나도록 말라가는 모습을 본다는 것은 불편하다. 동물들의 생존권도 소중하다.


오늘도 찐아가 깜장이를 데리고 와서 먹이를 먹고 갔다. 오늘 9시 뉴스에는 이혼한 아빠들이 아이들의 양육수당을 주지 않아서 힘들어 하는 가정이 많다는 사실이 보도되었다. 법으로 양육수당 의무화를 할 수 있도록 시위를 하기도 했단다.

길고양이 찐아가 새끼를 데리고 먹이를 얻어먹으러 다니는 모습을 떠올리며 그 뉴스를 여러 번 곱씹었다. 참 많은 생각을 하게 만들었다.

8

## 예쁜 나무침대에서 잔 진짜 이유

지난여름 목요일 아침, 별이가 구내염 초기 증상을 보인다고 담임 선생님이 별이를 데리고 교사실로 내려왔다. 혓바닥과 손발에 작고 빨간 수포 자국으로 의심되는 것이 있었다. 일하고 있는 어머니에게 전화를 걸어서 어떻게 하면 좋을지 의논했더니, 직장에 아이가 아파서 병원에 잠시 다녀오겠다는 허락을 받고 30분 만에 달려왔다.

병원에서는 구내염 초기 증상인지 열 때문인지 아직 정확하지가 않다면서 약을 처방해 주었다. 별이가 구내염이라고 하더라도 어머니가 아이를 돌보기 위해 일을 쉴 수 있는 상황이 아니었다. 어머니는 병원을 다녀온 후 별이를 어린이집에 맡기고 다시 직장으로 달려갔다.

구내염이나 수족구는 전염될 수가 있어서 친구들이 있는 교실에 갈 수가 없다. 하는 수 없이 엄마가 퇴근해서 올 때까지 교사실에서

몸이 아픈데 친구들이 떠들고 노는 어린이집에서
시간을 보낸다는 게 얼마나 힘이 들겠는가?
의사들은 보통 어른이든 아이든 병원에 찾아온 환자에게
'편안하게 쉬어야 한다.'는 이야기를 꼭 한다.
괜히 하는 이야기가 아닐 것이다.

원장인 내가 돌보아야 했다. 등·하원 때 인사만 하고 지냈던 별이와 처음으로 하루 종일 함께 지내게 된 것이다.

"오늘은 원장 선생님이 별이랑 짝지를 하고 싶어. 오늘만 여기서 같이 지내도 될까?"

"네."

구내염이 혹 다른 친구들에게 전염될까 봐 교사실에서 지내야 한다는 말을 별이에게 할 수가 없었다. 다행히 별이는 교실로 가고 싶다고 칭얼대지도 않고, 담임선생님과 친구들을 찾지도 않고 잘 놀았다. 나와 나란히 앉아 점심을 먹고, 양치도 하고, 약도 먹고, 책도 보고, 인형놀이도 했다. 둘만의 오붓한 시간을 보냈다. 사실 혼자서 조용히 업무를 보는 데만 익숙해진 탓에 종일 아이를 돌본다는 것이 쉽지는 않았다. 하지만 나에게도 특별한 경험이었다.

낮잠 시간에 별이는 교사실에 있는 예쁜 원목 아기 침대에서 잠을 잤다. 아픈 아이가 쉴 수 있도록 준비해 둔 양호 침대가 평소에는 제 할일을 못하고 덩그러니 비어 있었는데, 오늘 드디어 별이 공주를 손님으로 맞이하게 된 것이다.

"별아, 오늘은 여기 예쁜 침대에서 잘까? 원장 선생님이 별이 옆에 있을 거야."

"네."

별이는 함박웃음을 지으며 무척 좋아했다. 인형을 품에 안고 별이는 침대 위에서 금방 잠이 들었다. 에어컨을 잠시 틀어서 실내온도를 맞추었다가, 부채질을 했다가, 별이가 시원하게 푹 잘 수 있도록 신경을 썼다. 그리고 별이가 자는 동안 교사실 형광등을 끄고 밀린 업무를 보았다.

두 아이를 키우면서 일하느라 늘 고생하는 별이 어머니를 도울 수 있어서 마음이 편안했다. 이튿날인 금요일도 나는 별이와 짝지가 되어 함께 시간을 보냈다.


가끔 전업주부 어머니들이 아이가 아픈데도 어린이집에 보내는 경우가 있다. 오전에 병원 다녀오는 길에 처방받은 해열제와 약을 챙겨 주면서 이렇게 말한다.

"선생님, 아이가 집에 있으면 심심해하기도 하고 더 아플 것 같아서요. 친구들 노는 거 보면서 지내는 게 좋을 것 같아서 데리고 왔어요."

그리고 어머니는 아이를 어린이집에 들여보낸 뒤 집으로 간다.

엄마 본인이 아플 때를 생각해보자. 아플 때에는 친구 만나는 것도, 쇼핑을 가는 것도, 친정에 가는 것도 싫다. 집에서 그저 편하게 쉬고 싶다. 아이도 마찬가지다. 몸이 아픈데 친구들이 떠들고 노는 어린이집에서 시간을 보낸다는 게 얼마나 힘이 들겠는가? 의사들은 보통 어른이든 아이든 병원에 찾아온 환자에게 '편안하게 쉬어야 한다.'는 이야기를 꼭 한다. 괜히 하는 이야기가 아닐 것이다.

어른들은 아이의 입장에서 생각해야 한다는 것을 가끔 잊어버리는 것 같다. 어린이집에 맡기고 간 아이가 아파서 칭얼거리기 시작하면 담임선생님은 우는 아이를 안은 채 다른 아이들을 돌보아야 한다. 간식, 점심도 먹여야 하고, 양치도 시켜야 하고, 낮잠 이불도 펴야 한다. 담임선생님은 지치고 만다.

나는 보다 못해 칭얼거리는 아이를 포대기로 업고 사무실로 온다. 고생하는 교사와 다른 아이들을 위해서 작은 도움이라도 주려는 것이다. 아픈 아이가 업힌 채 푹 잠이 들면 교실로 가서 이불에 눕혀 편하게 낮잠을 재운다. 하지만 등에 업혀서도 잠들지 못하고 칭얼거릴 때에는 어머니에게 전화를 해서 집에서 편안하게 쉬도록 하원을 시킨다.

어머니의 생각과는 다른 상황이 벌어져 미안하지만, 전체 아이들과 또 아픈 아이를 위해서 솔직한 표현이 필요할 때가 있는 것이다. 별이처럼 어머니가 출근을 해야 하는 상황이라면 어떻게 해서라도 어머니를 도와 드리고 싶다. 내가 다른 일을 접어두고 아이와 일대일 데이트라도 하면서 돌보려 한다.

부모 교육을 했던 날, 교육을 마치면서 이런 멘트를 날렸다.

"어머니, 집에 가실 때 작품 가지고 가세요."

그랬더니 어머니들이 합창으로 "안 돼요!"를 외쳤다. 집에 가는 길에 아이들 데리고 가라고 한 줄 알았던 것이다. 뒤늦게 '진실'을 알게 된 어머니들과 나는 서로 마주보고 한참을 웃었다.

많은 어머니들이 자기가 낳은 자식을 하루 종일 돌보는 것을 힘들어 한다. 이해는 한다. 하지만 이따금 아이의 행복보다 엄마 자신의 행복을 더 추구하는 것처럼 느껴지는 때가 있어 속상하기도 하다.

교사도 물론 힘들어 한다. 그러나 자신의 행복을 더 추구하지는 않는다. 대부분의 선생님들은 아이들과 함께 있는 시간에는 최선을 다한다. 화장실 가는 시간에도 자리를 비우지 않고 원장이나 보조 선생님을 불러서 잠시 봐 달라고 요청한다. 아이들을 사랑하는 마음이 자리하고 있기 때문이다.

일하는 별이 엄마 대신 일일교사가 되어보니, 새삼 선생님들의 노고가 느껴졌다. 담임선생님은 시간 날 때마다 사무실에 들러서 별이가 괜찮은지를 체크했다. 엄마처럼 별이를 걱정하고 챙기는 선생님의 예쁜 마음이 고마웠다. 엄마를 대신하는 선생님의 따뜻한 사랑 속에서 아이들은 매일 조금씩 성장한다.

부모도 교육자이다. 아이들의 최초의 선생님이자 최고의 선생님은 부모이다. 교사들에게만 아이의 양육과 교육을 떠안기지 말고 부모도 훌륭한 교사가 되었으면 한다. 아이가 아플 때에는 집에서 편안하게 쉬며 건강을 되찾을 수 있도록 돌보고, 다시 쌩쌩한 모습으로 어린이집에 등원시키는 멋진 엄마선생님들이 많았으면 좋겠다.

교사실에서 이틀 동안 시간을 함께 보낸 별이는 나만 보면 환하게 미소를 짓는다.

"원장 선생님, 저 예쁜 침대에서 별이가 책도 보고 낮잠도 잤지요?"

친구들에게 자랑을 한다. 별이는 아파서 나와 함께 있어야 했다는 사실을 모른다. 별이의 아이다운 마음이 고맙다.

9

벌써 오니?

어린이집에서 가장 어린 3세 반에는 세상에서 가장 영롱하게 반짝이는 보석들이 다 모여 있다. 3세 반 교실에 들어서면 나도 모르게 환하게 웃고 있다. 무릎을 꿇고 앉아 두 팔을 벌리면 안아달라고 차례대로 한 명씩 와서 줄을 선다. 내가 안아준다기보다 그 보석들이 나를 안아준다는 표현이 맞는지도 모르겠다.

그중 왕자님 철이는 내가 안아줄 때마다 살포시 내 가슴에 손을 얹는다. 처음에는 우연한 행동인 줄 알았는데 안아줄 때마다 그런 행동을 보였다. '동생 때문에 엄마의 사랑을 많이 못 받아서 그런가 보다.'라고 생각했다. 그러던 어느 날, 하원 지도를 마치고 온 선생님이 헐레벌떡 나에게 달려와 화가 난 듯 툴툴대며 말했다.

"원장님! 오늘 하원 차량에서 철이가 내리는데, 어머니께서 '벌써 오니?' 하시면서 반갑지 않게 철이를 맞이하셨어요! 철이가 얼마나

서운할까라는 생각에 제가 더 속상했어요. 혹 옆에 계시던 다른 어머님이 들었을까 봐 당황스럽기도 했구요. 자기 아이한테 어쩜 그렇게 이야기할 수가 있죠?"

철이 어머니는 평소에도 아이를 맞이할 때 잘 웃지도 않고 아무런 표정이 없었다. 철이가 왜 나에게 안기는 것을 좋아하는지, 왜 가슴에 살포시 손이 올라가는지, 그날 선생님의 말을 듣고 조금은 이해할 수가 있었다.

몹시 마음이 아팠다. 그날 저녁 철이 어머니와 긴 통화를 했다. 철이가 서운해 하지 않도록 반가운 마중을 부탁드렸다. 하지만 그다음 날에도 어머니의 표정에는 변화가 없었다.

학기 초에는 아이들 모두가 처음 출발하는 1호차를 타고 집에 가겠다며 울어서 야단법석이다. 아이들은 2호차나 3호차를 타면 집에 못 가는 줄 알고 울어댄다. 아무리 설명을 해도 울음을 그치지 않는다. 가방을 메고 집에 갈 준비를 할 때면 친구들과 노느라 잠시 잊고 있었던 엄마를 무척 보고 싶어 한다.

하원 차량이 도착하면 아이들을 마중 나와 있는 어머니들은 마치 이산가족을 만난 것처럼 호들갑스럽게 아이들을 맞이한다. 그게 보통 어머니들의 모습이다. 어린이집에 등원한 아이들은 친구들과 놀다가 오전 간식 먹고, 점심 먹고, 낮잠 자고, 오후 간식 먹고 또 친구들과 즐겁게 놀다가 집에 돌아간다. 그동안 어머니들은 청소며 빨래며 집안일을 하거나, 동생을 돌보거나, 달콤한 휴식을 하면서 황금

하원 차량이 도착하면 아이들을
마중나와 있는 어머니들은
마치 이산가족을 만난것처럼
호들갑스럽게 아이들을 맞이한다.
그런 아름다운 시간이 하원 시간이다.

같은 시간을 보낸다. 그렇게 6시간을 넘게 엄마랑 떨어져서 놀다오는 아이들이 대견스럽고 반갑고 안쓰러워서 요란한 마중을 한다. 그런 아름다운 시간이 하원 시간이다.

'철이 어머니는 어린 동생을 돌보느라 힘들어서 철이가 집에 오는 시간이 빠르게 느껴졌나 보다.'

나는 이렇게 철이 어머니의 마음을 헤아리기로 했다. 그리고 어린이집에서라도 철이에게 부족한 사랑이 채워질 수 있도록 담임선생님과 함께 낮 엄마가 되어주기로 약속했다. 우리는 철이를 더 많이 안아주고, 더 많이 칭찬하고, 더 많이 격려하고, 더 많이 웃을 수 있도록 노력했다.

이듬해 철이는 다른 어린이집으로 옮겨갔다. 나는 철이 어머니가 셋째를 임신했다는 소식을 들었다. 그 소식을 듣고 걱정이 많이 되었다.

'아이가 둘이었을 때도 잘 웃지 않으시고, 철이가 엄마 사랑을 받지 못해서 힘들어 했는데 동생이 또 생기면 철이는 어떻게 하지? 어머님은 셋을 어떻게 키우시려고……?'

시간이 흘러 셋째도 아들을 낳았다는 소식을 들었다. 철이가 살던 아파트를 지날 때마다 가끔씩 철이 생각이 난다. 어떻게 지내고 있는지, 잘 자라고 있는지 궁금하다.

내가 안아줄 때마다 엄마 품처럼 파고들며 좋아서 씨익 미소 짓던 철이가 오늘은 더욱 보고 싶다.

제2장

사랑스러운 아이들,

사랑을 하는 아이들

하마 입!

"머리, 어깨, 가슴, 두 손, 뽀뽀 쪼옥 잘 먹겠습니다. 선생님, 먼저 드세요. 친구들아, 맛있게 먹자. 잘 먹겠습니다."

감사기도는 했지만, 만 두 돌이 되기 전에 입학한 3세 반 아이들은 혼자서 밥을 떠먹기도, 제자리에 앉아서 먹기도 어렵다. 배식을 마치고 감사인사를 하고 나면, 숟가락보다 두 손으로 먼저 밥을 가져다 입에 넣는다. 국에 손을 담그고, 반찬은 조몰락조몰락 놀이재료가 된다. 숟가락으로 밥과 반찬을 모두 국에 섞어서 도저히 먹을 수 없는 국밥을 만든다.

아이들에게 식사시간은 놀이시간이다. 입학한 3월에는 더욱 그렇다. 배식을 마치고 나면 선생님은 재빨리 일회용 장갑을 끼고 김 가루로 고소한 주먹밥을 만든다. 아이들이 배고플까봐 만든 주먹밥을 한 사람씩 입에 쏙 넣어주고, 밥을 오물거리며 먹는 동안 또 한 사람씩 국을 떠먹이고 반찬도 한 가지씩 먹여본다. 그렇게 다섯 명 아이들의 식사를 책임진다.

먹는 것보다 조몰락거리는 놀이에 바쁜 아이들은 선생님이 떠먹여주는 밥숟가락을 거부한다. 이때 선생님은 동물 그림책에서 본, 입 큰 하마를 불러온다.

"자아, 하마 입!"

그제야 아이들은 하마처럼 입을 크게 벌리고 밥을 받아먹는다.

"우와, 우리 지윤이 정말 잘 먹네. 우와, 하마 입 정말 잘하네."

선생님의 칭찬을 좋아하는 아이들을 위하여 마지막 한 숟가락까지 선생님의 하마 입 노래는 계속된다. 마지막 한 명이 밥을 다 먹을 때까지 선생님은 아이들에게서 눈을 떼지 않는다. 마지막 한 숟가락까지 정성들여 밥을 먹인다.

입학 후 두 달 정도는 점심시간이 전쟁이다. 다섯 아이 동시에 밥 먹이기는 아무나 할 수 없는 영아반 선생님만의 특기이다. 하지만 담임선생님은 밥 먹을 시간이 전혀 없다. 새 학기에는 보조 선생님이나 원장 선생님이 도와주지 않으면 담임선생님은 아이들의 낮잠 시간에 혼자서 점심을 먹어야 한다.

내가 결혼 전에 근무했던 유치원에서는 5,6,7세 유아들만 있었기에 영아반만큼 힘들지는 않았다. 둘째가 태어나서 22개월부터 어린이집을 보냈었는데, 내가 어린이집을 운영해보니 우리 아이를 키워준 담임선생님과 원장 선생님이 얼마나 수고했는지 느낄 수 있었다. 그동안 어린 우리 아들을 키워준 선생님의 은혜를 잠시 잊고 살았다는 사실에 죄송한 마음도 들었다.

참 어리석은 엄마였다. 나는 선생님이 내 아이 한 명만 돌본다는 착각을 했던 것이다. 음료수 한 병 건넨 기억이 없고, 맛있는 간식 한 번 대접한 기억이 없다. 다행히 우리 아들을 키워주었던 원장 선생님은 아직도 그 자리에서 어린이집을 운영하고 있다. 어떻게 해야 내 아이를 키워준 고마움에 다 보답할 수 있을지 지금도 숙제이다.

어린이집에 근무하는 선생님들은 정말 존경스럽다. 하루 종일 아이들을 보살피는 모습을 보면 모든 교사가 천사 같다. 자기중심적 사고로 아직 인격 형성이 되지 않은 자유분방한 영혼들을 하나하나 가르치면서 예쁜 인격체로 완성해가는 선생님들의 수고와 희생은 말로 다 표현할 수가 없다.

입학 후 두 달이 지나면 본격적인 식사 지도가 시작된다.

"머리, 어깨, 가슴, 두 손, 뽀뽀 쪼옥 잘 먹겠습니다. 선생님, 먼저 드세요."

감사인사를 하면서 '선생님 먼저 드세요'를 가르친다. 식사시간 이든 간식시간이든 항상 어른이 먼저 수저를 든 후에 먹는다는 것을 가르치는 것이다. 선생님은 "그래, 선생님 먼저 드실게." 하면서 꼭 한 숟가락을 먼저 먹고 나서 아이들이 먹도록 가르치고 있다. 집에서도 어린이집에서처럼 "엄마, 아빠! 먼저 드세요."를 할 수 있도록 부모님의 도움을 구한다.

집에서도 '어른 먼저'가 익숙해져서 습관이 들면 아이는 할머니 댁에 가서도 이렇게 말한다.

"할머니, 먼저 드세요! 할아버지, 먼저 드세요!"

그리고 어른이 먼저 수저를 들기를 기다렸다가 음식을 먹게 된다.

부모를, 어른을 공경하는 마음은 인성을 만드는 근본이기에 꼭 필요한 교육이다. 선조들로부터 내려오는 올바른 자녀 교육은 인성이 제대로 자라도록 돕고, 아이들이 훌륭한 인격체로 성장하도록 만든다.

부모도 교육자이다. 자신의 인생을 걸고 아이들의 인생을 도와주어야 하는 교육자이다. 그러므로 자녀의 본보기가 되어야 한다.

가정에서 식사시간에 밥만 챙겨 주고는 아이들끼리 먹게 놔둔 뒤 티브이나 핸드폰을 보는 어머니들이 많다. 밥을 다 먹을 때까지 아이 곁에 앉아서 눈을 맞추고, 먹고 있는 음식에 대해서 이야기도 나누다 보면 아이들은 즐겁게 식사를 한다. 가정 안에서 소소한 행복을 느낀다. 식당 아줌마는 밥만 갖다 주고 티브이를 보거나 자기 일을 해도 된다. 아이들이 밥을 어떻게 먹는지 관심을 기울이지 않아도 된다. 하지만 어머니는 그러면 안 되는 것이다.

선생님은 음식을 장난감으로 대하는 아이들에게 '하마 입' 노래를 부르며 마지막 한 숟가락까지 밥을 먹인다. 모든 아이들이 식사를 마칠 때까지 곁눈질도 하지 않고 자리도 뜨지 않는다. 부모님도 선생님처럼 해야 한다. 아이들의 건강과 올바른 식습관 태도 형성을 위하여 부모도 지혜로운 교육자가 되어야 한다.

**2**

내 사랑 내 짝꿍

현이가 아파서 며칠째 결석을 했다. 빨리 나아 등원하기를 기다렸는데, 오늘도 등원을 하지 않았다. 모든 아이들이 등원을 마친 10시쯤 어머니에게 전화를 걸었다.

"어머니, 현이가 아직도 많이 아픈가요? 며칠째 등원을 하지 않아서 걱정입니다."

처음 이틀은 배가 아파서 못 간다고 하더니, 나중에는 어린이집 가기 싫다고 며칠을 울어서 보내지 않았다고 한다. 엄마가 이유를 물었더니, 우성이가 자기랑 놀지 않고 윤서하고만 친하게 지내서란다.

우성이는 키가 크고 유순한 성격에 눈이 먼저 생글생글 웃는 멋쟁이다. 친구들에게 양보를 잘하고 배려심이 많아서 반에서 가장 인기가 많다. 담임선생님에게 상황을 물었더니, 학기 초에는 우성이가 현이랑 친하게 지냈는데 지금은 윤서랑 친하게 지낸다고 했다. 그

아이들이 노는 모습을 가만히 지켜보면
입꼬리가 저절로 올라간다. 귀엽고 사랑스럽다.
세 살, 네 살, 다섯 살 아이들은
모두 자기가 좋아하는 친구가 있다.
한동안 누구랑 친하게 지내다가 어느새
다른 친구와 친하게 지내기도 한다.
아이들의 우정도 어른들의 사랑처럼 움직이는 것인가 보다.

바람에 현이가 마음의 병이 난 것이다.

교사회의 시간에 현이랑 우성이가 친하게 지낼 수 있는 방법을 의논했다. 다음 날부터 모든 선생님과 담임선생님이 힘을 모아 의도적으로 둘을 옆에 앉히고, 함께 놀이하도록 유도하고, 함께 심부름을 시키는 등 많은 노력을 기울였다. 그렇게 3일이 지나자 현이는 아침에 울지 않고 등원을 했다.


아이들이 노는 모습을 가만히 지켜보면 입꼬리가 저절로 올라간다. 귀엽고 사랑스럽다. 세 살, 네 살, 다섯 살 아이들은 모두 자기가 좋아하는 친구가 있다. 한동안 누구랑 친하게 지내다가 어느새 다른 친구와 친하게 지내기도 한다. 아이들의 우정도 어른들의 사랑처럼 움직이는 것인가 보다.

좋아하는 친구와 항상 함께 붙어 다니는 귀여운 병아리들을 교사들은 '어린이집 CC(캠퍼스 커플)'라고 부른다. 어린아이들의 세상을 들여다보면 참 신비롭다. 어른들의 모습과 많이 닮아 있다.

현이는 우성이가 놀이하는 영역에 따라다닌다. 그리기도 하고, 블록 쌓기도 하고, 인형놀이도 하고, 엄마 아빠 놀이도 한다. 우성이가 웃으면 현이도 밝게 웃는다.

현이는 이제 어린이집에 가기 싫다고 울지 않는다. 배가 아파서 어린이집 안 간다고 울지 않는다. 친구들이 안 놀아 준다고 투정도 부리지 않는다. 아침마다 즐겁게 등원한다.

우정의 힘, 사랑의 힘이다.

## 3

## 가위바위보도 모르면서

"가위, 바위, 보!"

"가위, 바위, 보!"

'내가 잘못 들었나? 분명 3세 반 교실에서 난 소린데……'

3세 반 교실을 지나치다가 우연히 듣게 된 가위바위보 소리에 의아한 생각이 들었다. 3세 아이들은 가위바위보를 할 수 없기 때문이었다.

'5세 아이들도 힘들어하는 가위바위보를 어떻게 3세 아이들이 하지?'

이런 생각을 하며 살며시 교실 안을 들여다보았다. 손을 씻으려고 줄을 서 있는 아이들이 보였고, 줄의 가장 앞에 선 아이가 다른 아이와 선생님 앞에서 가위바위보를 하고 있었다. 무슨 일인가 싶어 문을 열고 들어가 보았다.

"선생님, 아이들이 가위바위보를 잘하나요?"

선생님에게 물었더니 이런 답이 되돌아왔다.

"아니요. 아이들이 먼저 손 씻으려고 다투어서 가위바위보를 시켜서 이긴 사람이 먼저 하게 하고 있어요."

선생님의 대답을 듣고서야 이해가 갔다. 아이들은 뭐든 자기가 먼저 하려고 한다. 그러다 보면 다투는 일도 생길 수 있다. 가위바위보는 이런 상황을 질서 있게 정리하기 위해 생각해낸 선생님의 아이디어였다.

"그런데 누가 이겼는지 아이들이 아나요?"

"아니요. 제가 가르쳐줘야 해요."

뒤돌아보며 대답을 한 선생님은 "승준이가 이겼네. 먼저 하세요." 하며 질서를 잡아주고 있었다.

서너 살밖에 되지 않은 아이들은 가위바위보의 승패관계를 모른다. 단지 자기가 좋아하는 모양 하나를 한결같이 낼 뿐이다. 선생님이 누가 이겼다고 알려줘야 한다. 덕분에 교실에 질서가 생겨나고 있었다.

아직은 자기중심적 사고에 익숙한 3세 친구들이다. 이런 아이들에게 사회적 배려와 질서를 가르치는 것은 쉬운 일이 아니다. 선생님은 자기중심적인 사고에 익숙한 아이들을 사회적 사고에 익숙하도록 훈련시키는 사람들이다. 그렇게 한 학기가 지나갈 쯤이면 서서히 질서교육이 습관화되고, 누가 잘하는지 못하는지를 알게 된 아이들은 서로 타이르고 가르치면서 사회성이 발달한다.

아이들에게 질서와 규칙을 가르치다 보면, "네." 하고 말을 잘 듣기도 하고, 큰 소리로 울어버리거나 삐져서 한쪽 모퉁이로 가 엎드려 있기도 한다. 자기 마음대로 할 수 없기 때문에 화가 난 것이다. 아직 시간이 더 필요한 경우다.

삐지고 토라진 모습이 한편으로 예쁘고 귀엽기도 하지만 전체 반 친구들과의 단체생활을 이끌어가는 담임선생님의 입장에서는 무척 힘든 일이기도 하다. 그래서 선생님과 약속을 하자고 달래는 경우가 많다. 만약 선생님과의 관계만으로 행동 수정이 안 될 때에는 학부모에게 부탁을 드리기도 한다. 잘 도와주는 부모님도 있고 듣고 싶은 이야기만 가려서 듣는 부모님도 있다. 선생님이 부모에게 부탁드릴 때는 그만한 이유가 있는 것이다. 가정 양육에서 벗어나 또래와의 단체생활이 시작되면, 부모님이 많이 도와주어야 한다.

가위바위보 사건 이후 한 어머니에게 전화가 걸려왔다.

"원장님! 민승이가 집에만 오면 형한테 가위바위보 하자고 해서 형이 너무 힘들어해요! 그리고 매번 형한테 지는데요! 지면 울고불고, 누워서 뒹굴고 야단이 납니다. 어떻게 하면 좋을까요?"

민승이는 하루 종일 가위만 내고 또 하루는 보자기만 쭉 내기에 승자는 항상 형의 몫이었다. 그러던 민승이도 졸업을 하고 어엿한 초등학생이 되었다. 아이들은 금방 자란다.

지금도 교실에서는 가위바위보 소리가 울려 퍼지고 있다.

4

## 맨날맨날 시간 있는데

상윤이 아빠는 중국으로 출장 가서 근무하다가 중국 여성을 아내로 맞이했고, 아들도 낳았다. 아들은 중국에서 어린이집을 다녔는데, 중국 어린이집은 아이들의 숫자가 많다 보니 규모가 우리나라 초등학교에 버금간다고 했다.

상윤이의 교육을 생각하면 계속 중국에서 살 수는 없었다. 처음에는 한국에 살기를 꺼려하는 아내 때문에 아들과 아내를 중국에 두고, 아빠는 한국에서 근무하다가 출장 갈 일이 있을 때에만 중국에서 함께 지냈다.

상윤이가 다섯 살이 된 2018년에 할아버지가 있는 우리나라로 귀국을 했다. 시어머니는 돌아가셔서 시아버지만 모시고 한집에서 살고 있다. 한국 며느리들도 힘들어하는 시집살이를 중국 며느리가 어떻게 해내는지, 상윤이 어머니가 걱정되기도 하고 대견하기도 했다.

상윤이는 7월에 어린이집에 입학했다. 어린이집에 입학을 하면 누구나 적응기간을 갖는다. 엄마와 떨어져서 또래와 생활하는 연습을 하는 시간이다. 우리 어린이집은 적응기간에 아이들의 불안한 마음을 극소화하기 위하여 엄마랑 함께 등원을 시킨다. 엄마와 함께 어린이집에 와서 지내면서 환경적응을 먼저 하고 난 다음 엄마와 떨어지는 연습을 한다.

어린이집은 놀거리가 많고 친구도 많아서 즐겁고 재미있는 곳이라는 생각이 들 때쯤 아이 혼자 등원하는 시간을 갖는다. 상윤이처럼 학기 중간에 입학을 하면 3월에 적응기간을 마쳐서 혼자 등원하는 친구들 사이에 상윤이만 엄마와 함께 등원을 하게 된다. 담임선생님도 친구들도 모두가 조금은 활동이 불편할 수 있다. 하지만 친구들도 처음 입학해서 적응하는 시기에 엄마와 함께 등원을 했기에 상윤이의 적응을 도와주려고 노력했다.

적응기간에는 등원하면 자유선택활동을 하고 아침간식을 먹는다. 또 즐겁게 놀다가 엄마와 친구들과 함께 점심을 먹고 오후 한 시쯤 되면 하원을 한다. 문제는 언어소통이다. 상윤이는 엄마 나라의 언어인 중국어를 유창하게 한다. 마치 중국 영화를 보는 것처럼 신비롭다. 다행히 엄마가 한국말을 조금은 알아들을 수 있고 간단한 한국말을 할 수 있었다.

엄마와 함께 등원하던 첫 주 금요일이었다. 하원 시간에 담임선생님과 나는 인사를 하려고 현관에 나란히 섰다.

"상윤아, 오늘은 금요일이야. 내일은 토요일, 그다음 날은 일요일

"우리 집에 놀러오세요!"
아이들은 상대방이 가장 마음에 들 때 이런 표현을 한다.
선생님들이 얼마나 많은 사랑을 나누고
아이들에게 즐거운 하루를 선물했는지 알 수 있는 표현이다.

이야. 하나, 둘, 셋, 세 밤 자고 어린이집 오는 거예요. 우리 세 밤 자고 만나요!"

선생님은 손가락으로, 얼굴 표정으로, 행동으로 혼신을 다해 열심히 설명을 했다. 순간 상윤이는 자기 얼굴 앞으로 엄마 얼굴을 끌어당기더니 엄마 귀에다 중국말로 무어라 속삭였다.

"어머니! 상윤이가 뭐라고 해요?"

"'나 맨날맨날 시간 있는데'라고 하네요."

담임선생님도, 나도, 어머니도 동시에 큰 소리로 웃었다.

"어머니! 우리 상윤이 내일도 오고 싶은가 보구나! 어떡하지? 친구들도 선생님도 아무도 없는데. 우리 세 밤 자고 다시 만나자."

"배꼽인사! 안녕히 계세요!"

"안녕, 잘 가."

고개 숙여 인사를 하고, 손을 흔들며 빠이빠이 하고, 또 몇 번이나 인사를 더 한 뒤에 상윤이는 엄마 손을 잡고 하원을 했다.

상윤이는 친구들과 함께 노는 어린이집 생활이 무척 재미있었나 보다. 먼 나라 중국에서 아빠 나라로 이사 와서 환경은 낯설고 말은 통하지 않아 답답했을 텐데 적응기간 일주일 만에 마음이 편안해진 모양이다. 주말에도 어린이집에 오고 싶다는 상윤이를 보면서 그동안 애쓴 선생님과 힘을 모아 상윤이의 적응을 도와준 반 친구들이 고마웠다.

"담임선생님, 한 주 동안 수고 많았습니다. 어머니 점심까지 챙기느라 애 많이 썼어요."

"제가 뭐 한 게 있나요? 원장님도 하나하나 챙겨 주시느라 수고 많으셨습니다."

우리 모두 평소와 달리 조금 수고스러운 한 주였지만 상윤이의 그 말에 모든 피로가 사라졌다. 보람된 마음으로 뿌듯한 함박웃음을 지을 수 있었다.

"우리 집에 놀러오세요!"

아이들은 상대방이 가장 마음에 들 때 이런 표현을 한다. 선생님들이 얼마나 많은 사랑을 나누고 아이들에게 즐거운 하루를 선물했는지 알 수 있는 표현이다. 원장 선생님, 담임선생님 ,특별활동 선생님은 그들의 초대를 받을 수 있는 특별한 대상이다.

일주일에 한 번씩 와서 수업을 하는 특별활동 선생님이 수업을 마치고 교실 문을 나갈 때면 특별활동 선생님과 아이들이 얼마나 상호작용을 잘했고 신나는 시간을 보냈는지 알 수가 있다. 선생님 등 뒤로 초대의 목소리가 복도를 울린다.

"선생님, 우리 집에 놀러오세요! 꼭 놀러오세요!"

이러면 원장으로서 한마디 안 할 수가 없다.

"선생님은 너무 좋겠어요! '우리 집에 놀러오세요'라는 최고의 초대를 받았네요! 선생님은 아이들에게 인기 짱이시네요!"

"네, 원장님. 저 정말 행복합니다."

특별활동 선생님은 밝은 표정으로 인사를 하고 콧노래를 부르며 현관문을 나선다.

우리 어린이집에 선생님 초대의 일인자, 예쁜 공주님이 있다. 다율이다. 다율 공주님은 하루 일과를 마치고 하원 버스를 기다리며 항상 담임선생님을 초대한다. 가끔 친구들과 다투기도 하지만 집에 가기 전에 선생님의 마음을 행복하게 해주는 애교 많은 귀염둥이다.

"선생님, 우리 집에 꼭 놀러 오세요! 장난감도 많고요! 맛있는 것도 많아요! 우리 집에 꼭 놀러 오세요!"

"그래, 고마워. 선생님 꼭 놀러 갈게."

다율이뿐만 아니라 선생님과 헤어지기 싫어하는 아이들의 투정 섞인 목소리는 잔잔한 행복을 준다. 사무실까지 들려오는 해맑은 목소리에 나는 혼자 미소를 짓는다. 나도 교사 시절 저렇게 초대를 받으며 기뻐했었다. 그들의 초대에 '아이들과 함께하는 이 일이 나의 천직이구나!' 생각하면서 하루의 피로를 풀었다.


상윤이는 2주 동안 어머니와 함께 등원해서 점심을 먹고 하원했다. 3주째부터는 혼자 등원했는데, 낮잠도 잘 잤다. 걱정과는 달리 어린이집에 잘 적응하고 친구들과 금방 친해진 상윤이가 정말 고맙고도 기특했다. 참 의젓해 보였다.

아빠 나라에서의 생활에 더 적응하고 친구들과 의사소통도 잘할 수 있을 때쯤이면 상윤이도 얘기할 것이다. "선생님! 우리 집에 놀러 오세요."라고.

상윤이의 어린이집 생활이 중국에 있을 때보다 더 즐겁고 많이 웃는 시간이 될 수 있도록 친구들과 선생님들이 최선을 다해 노력해야겠다.

5

짝지 안 해

3세 노란반이 바깥놀이를 가는 시간이다. 신발을 들고 와서는 모두가 신이 났다. 아이들 모두 신발을 신고 난 후 선생님이 말했다.

"짝지하고 싶은 친구랑 손 잡으세요!"

둘이서 손을 잡고 나들이를 가면 호기심을 좇아 혼자서 뛰어가는 행동이 줄어들고 선생님 말도 잘 듣게 된다. 위험한 길에서 통제도 쉽다.

"자, 민지랑 손 잡자."

그런데 민지는 늘 짝지가 없었다. 선생님이 민지 손을 잡고 친구와 짝을 지어 두 손을 잡아주면 그 친구는 민지 손을 휙 뿌리치며 고개를 좌우로 흔든다. 손을 잡히는 친구마다 싫다는 표정을 짓는다. 민지는 큰 소리로 울어댄다.

민지는 가정에서 둘째딸이자 막내이다. 언니는 초등학생인데 민지와 터울이 많다. 가족들은 민지가 하고 싶은 대로 모두 맞추어 주었다. 그 생활이 몸에 배어 민지는 어린이집 생활이 원만치 않았다. 매사에 욕심이 많았다. 친구 손에 있는 장난감을 갖고 싶으면 억지로 빼앗아서 친구를 울게 만들고, 무엇이든지 자기 마음대로 하려고 고집을 부려서 때때로 담임선생님을 힘들게 했다.

노란반 아이들은 민지가 평소에 자기들을 힘들게 한다는 것을 잘 알고 있어서 모두가 짝지하기를 싫어했다. 세 살이라도 각자 자기의 생각이 있고 또래 생활에서 자신을 힘들게 하는 친구를 싫어한다는 사실이 무척 놀라왔다.

서너 번 그런 일이 있고 난 후에 민지 어머니에게 상담을 요청했다. 어린이집에서 있었던 친구들과의 관계를 솔직하게 이야기했다. 단체생활에서 친구들과 지낼 때 해도 되는 행동과 하면 안 되는 행동을 가정에서도 꼭 가르쳐 주어야 한다고 부탁했다.

그날 이후 어머니는 민지가 친구들과 잘 어울릴 수 있도록 가정에서 많이 도와주었다. 어머니의 노력으로 민지는 시간이 갈수록 친구들에게 조금씩 배려할 줄 아는 친구로 변해갔다.


부모님의 양육태도는 매우 중요하다. 내 아이만을 위하다 보면 또래집단에 어울릴 수 없는 아이로 자라게 된다. 민지 어머니가 자기 딸만 예뻐하고 친구와의 관계, 규칙, 배려하는 마음에 대해 도와주지 않았다면, "너랑 짝지 안 해!"라는 친구들의 말은 계속되었을 것이다.

내 아이가 예쁘고 소중한 만큼 이 세상 모든 아들딸이 똑같이 예쁘고 소중하다는 것을 꼭 기억했으면 한다. 매년 3월 입학 시즌이 되면 자기 아이만을 특출하게 사랑하고 보살펴 주기를 원하는 부모가 있다. 그런 부모는 아직 내 아이를 또래와의 사회활동에 참여시킬 준비가 안 된 것이다. 단체생활에서는 규칙과 약속을 지키는 것이 중요하다. 그 과정에서 아이들은 자아를 형성하고 인격을 성장시켜 나간다.

부모님의 모습에서 배려와 사랑을 배운 아이들은 '짝지 안 해'라는 말의 주인공이 되지 않는다. 친구들에게 양보하고 배려를 잘하는 친구는 서로 짝지를 하겠다고 앞다투어 손을 잡는다.

"아이들도 생각은 어른이구나."

두 돌 지난 아기들이 벌써 좋은 친구, 싫은 친구를 구분할 줄 아는 모습을 보면서 나는 혼잣말과 함께 미소를 짓는다.


어린이집 뒷산을 바라보며 책속에서 읽은 한 구절을 떠올렸다.

'나무는 나무에게 말했다 우리 서로 숲이 되자고.'

어머니들에게 질문하고 싶다.

"소중한 우리 아이를 덩그러니 홀로 선 나무로 키우시겠어요? 숲을 이루고 자라는 나무로 키우시겠어요?"

어머니들이 어린이집에 아이들을 맡길 때 '내 아이'라는 나무 한 그루만 보지 말고 나무들이 한데 어우러져 자라는 숲을 바라보았으면 한다. 아이들은 함께 숨 쉬고 함께 뿌리를 내리면서 숲을 만든다. 그 숲에서 튼튼한 나무로 성장해간다.

**6**

# 촌지 500원의 무게

유치원 근무 2년째 되던 해, 원장님은 또 6세 반 담임을 맡겼다. 가장 어린 5세반은 순수하고 마냥 예쁘기만 해서 선생님이 한 번 말하면 그대로 잘 따랐다. 선생님을 두려워할 줄 알아서 하면 안 된다는 행동은 절대 하지 않았다.

7세 반은 유치원에서 가장 큰 형이라는 자부심이 커서인지 항상 동생들에게 모범이 되었다. 무엇이 옳고 그른 행동인지를 알기에 담임선생님의 한마디에도 자신이 할 일을 스스로 척척 해내어 모든 점이 의젓하고 대견스러웠다.

내가 맡은 6세 반 아이들은 선생님 말을 두려워하지도 않고 스스로 하는 것도 아직 힘들어하는 시기였다. 고집만 세고 각각의 개성대로 행동을 하려고 해서 무척 힘이 들었다. 6세 반 담임만 맡기는 원장님이 밉기도 했다.

친구들과 정한 규칙 실천하기, 약속 지키기가 잘 안 되는 우리 반 아이들을 보며 나는 늘 고민했다.

'어떻게 해야 우리 반 아이들이 약속을 잘 지킬 수 있을까? 교사로서 어떻게 해야 하지?'

그때 그 시절이 얼마나 힘들었던지 몇 해 전까지도 유치원 교사 시절의 악몽을 꾸었다. 우리 반 아이들에게 "얘들아! 모여라!" 외치고 노래를 불러도 아이들이 모이지 않아서 쩔쩔매는 꿈을.

그렇게 힘들어하던 어느 날, 승훈이가 아침 등원을 하자마자 나에게 막 달려왔다.

"선생님! 이거 내가 선생님 주는 선물이에요."

승훈이는 꼭 쥐고 있던 주먹을 펴서 내 손바닥 위에 500원 동전을 올려놓았다. 아침에 집을 나설 때부터 손에 쥐고 왔음을 말해주듯 승훈이의 체온을 그대로 담고 있는 동전은 따뜻했다.

500원 동전은 1982년에 최초로 발행되었지만 1988년에도 귀한 동전이었다. 선물이라는 그 말이 예쁘고 고마웠다. 그날 나는 승훈이 어머니에게 승훈이의 선물 증정이 있었다는 이야기를 미처 하지 못했다. 어머니의 동의도 구하지 않고 그 선물을 행복하게 받아버렸다.

다음 날 어머니에게 상황을 말씀드렸는데, 어쩌다 보니 500원을 돌려드리지 못했다. 교사로서 촌지를 받은 격이 되어버렸다. 매사에 모범적이고 착하고 사랑스러운 승훈이가 체온을 담아 건네준 따뜻한 선물 500원이 뇌물이 되어버렸다. 승훈이의 촌지를 받았지만 편애하거나 불평등하게 특별한 기회를 주지는 않았다. 그냥 예쁜 승훈

교실에서 거의 절대적인 힘을 가지고 있는
교사의 행동 하나하나에 어린이들은 매우 민감하게 반응한다.
따라서 교사가 지녀야 할 가장 중요한 윤리적 요소의 하나는
아이들을 차별하거나 편애하지 않고
공평하게 대하는 것이다.

이의 사랑을 받았을 뿐이라고 지금까지 억지 주장을 펴고 있다.

30년이 지난 지금도 500원짜리 동전을 보면 승훈이 생각에 그냥 기분이 좋다. 나는 지갑에 항상 500원 동전을 서너 개씩 넣고 다닌다. 그러면 마치 부자가 된 것 같다. 100원짜리 동전 열 개보다, 천원 지폐 한 장보다 500원짜리 동전 두 개가 나에게는 더 크게 느껴진다. 서툰 교사 시절 제자에게 받았던 사랑 때문일까?

승훈이에게 받은 촌지 500원. 촌지의 근본적인 문제는 교사가 아이들을 얼마나 공평하게 대할 수 있느냐 하는 것이다. 공평하게 대한다는 것은 교사의 말에서부터 음성의 높낮이, 손짓, 아이들에게 발표 기회 주기, 교사의 얼굴 표정에 이르기까지 모든 경우가 해당된다.

교실에서 거의 절대적인 힘을 가지고 있는 교사의 행동 하나하나에 어린이들은 매우 민감하게 반응한다. 따라서 교사가 지녀야 할 가장 중요한 윤리적 요소의 하나는 아이들을 차별하거나 편애하지 않고 공평하게 대하는 것이다.

어린이집 원장이 된 지금 가끔 3세 반 교실에 들어서면 아이들은 나를 조건 없이 좋아한다. 엄마에게 안기듯이 한 명씩 품을 비집고 들어온다. 그러면 나는 아이들을 꼭 안아주면서 "사랑해." 하고 속삭여 준다. 아이들은 그제야 놀이를 하러 간다. 행여나 쭈뼛쭈뼛 쉽게 다가오지 못하는 아이가 있으면 이름을 불러 가까이 오게 하여 안아준다. 한 명도 빠짐없이 공평하게 사랑을 전한 뒤 살며시 교실

문을 닫고 나온다.

　모범생 제자가 건네준 촌지 500원. 그때 바로 돌려보내지 못했던 것이 아직도 내 마음을 무겁게 한다. 땡그랑 땡그랑 500원 동전은 지금도 제자의 사랑이 되어 지갑 속에서 나와 함께 하루를 보내고 있다.

## 7

## 수민이가 좋아요, 제가 좋아요?

　세 살 주안이는 자기의 감정을 솔직하게 표현한다. 같은 반 친구들 중에 가장 예쁘게 생긴 여자친구를 무지 좋아한다. 아침에 등원하자마자 집에서 들고 온 간식을 그 친구에게 건네주고, 장난감을 챙겨주고, 간식 접시도 옆으로 당겨준다. 간식시간, 점심시간, 놀이시간에도 옆에 앉으려고 하면서 항상 좋아하는 표현을 한다. 하지만 평소에 자신의 장난감을 뺏거나 좋아하지 않는 친구가 곁에 오면 태도가 싹 달라진다.

　"싫어, 싫어! 무서워! 옆에 오지 마!"

　듣는 친구는 섭섭하겠지만, 참으로 솔직하게 표현한다.

　"주안아! 친구들이랑 사이좋게 함께 놀아야지."

　선생님의 조언도 소용이 없다.

　주말에 미용실을 다녀와서 머리 모양이 바뀐 선생님을 월요일 아침에 볼 때면 주안이는 두 눈이 똥그래진다.

"우와! 우와!"

진심 어린 감탄사를 외쳐댄다. 자기 선생님이 평소보다 예쁘다는 것을 표현하는 것이다.

주안이의 독특한 표현력은 원장 선생님에게도 예외는 아니다. 내가 잠시 교실에 들어가거나 복도에서 만나면, 달려와서 포옹을 하고 토닥토닥 등을 두들겨 준다. 볼에 뽀뽀를 하기도 한다. 내 다리 위에 서로 앉겠다는 친구들과 밀고 다투다가 되레 내가 넘어질 때도 있다. 나는 넘어지면서도 행복하다. 가끔 영어 이니셜 목걸이를 하고 있는 날이면 주안이는 목걸이를 만지면서 "에이, 비이, 씨." 한다. 한글이 아닌 영어 알파벳이라는 것을 아는 것이다.


네 살은 감정표현에 더욱더 적극적이다.

"하림아, 나 좀 봐봐. 여기 와서 같이 놀이하자!"

이렇게 이야기하면서 자기가 좋아하는 친구를 졸졸 따라 다닌다.

"저는 이다음에 커서 선생님이랑 결혼할래요."

프러포즈를 하는 아이들도 있고,

"선생님은 수민이가 좋아요, 제가 좋아요?"

대답하기 난처한 질문을 던지는 아이들도 있다.

4세 아이들을 관찰하고 있노라면 '아이들만의 고유한 세상'을 훔쳐보는 기분이 들기도 한다. 그래서 최대한 방해가 되지 않도록 다른 일을 하는 척하면서 놀이에 참여하지 못하는 친구가 있는지를 관찰한다.

아이들은 어른들처럼 친구의 눈치를 보지 않는다. 자기감정을 그대로 표현한다. 좋으면 좋다, 싫으면 싫다, 맛있다, 먹기 싫다, 자기 의사를 정확하게 말하거나 몸짓으로 표현한다. 과장이나 꾸밈이 전혀 없다. 순수 그 자체이다. 친구가 좋으면 말없이 다가가서 두 팔 벌려 안아주고, 선생님이 좋으면 살며시 다가와 볼에 뽀뽀를 하고 간다.

다섯 살은 자기감정보다는 보고 들은 것을 솔직하게 전해준다. 어떤 아이는 묻지도 않았는데 등원하자마자 부부싸움을 재방송한다.

"선생님! 엄마, 아빠가 어젯밤에 싸웠어요. 아빠가 큰 소리로 고함지르고요, 물건도 던졌어요."

또 어떤 아이는 엄마가 알면 다소 민망해할 이야기를 들려주기도 한다.

"선생님, 저는요. 어제 엄마 남자친구하고 스파게티 먹으러 갔어요."

아이의 말을 통해서 아이의 가정환경을 알게 된다. 그러면 아이에게 더욱 세심하게 신경 써야겠다며 마음가짐을 다듬게 된다.

아이는 아이다워야 한다. 세 살은 세 살답고 다섯 살은 다섯 살다워야 하는데, 어른들의 기준으로 기대하고, 실망하면 곤란하다. 어른들의 생각 틀에 아이들을 끼워 맞추려 하다 보면 아이들의 자기표현력과 상상력은 점점 줄어들게 든다.

3세 부모들 중에는 아이가 5세처럼 굴기를 기대하는 부모가 있다.

"옷에 밥풀 묻혀 오지 마라."

"옷 더러워지지 않게 깨끗하게 놀다 와라."

이건 불가능한 일이다. 옷이 더럽혀졌더라도 세 살 아이에겐 이런 말들이 필요하다.

"우와, 혼자서 밥을 먹었구나!"

"엄청 신나게 놀았구나!"

"엄청 즐거운 시간들을 보냈구나!"

친구들과, 또 선생님과 즐겁게 지낸 시간을 격려하고, 칭찬하고, 인정해 주면 아이들은 더 행복해진다.


나는 힘든 일이 생길 때면 아이들 교실에 들어간다. 아이들의 밝고 순수한 표정들을 보면서 마음을 달래고 위안을 받는다.

"아이들을 위해서 참자! 우리는 유아교육 전문가이니까 아이들을 위해서 조금만 더 인내하자."

이렇게 외쳐보기도 한다.

어린이집 교사들은 아기 천사들을 위해 일을 한다. 아이들의 미소에서 치유를 받고 에너지를 얻는다. 아이들을 보며 많은 것을 배우고 인내심도 다진다.

작은 일에도 하하하 웃어대는 아이들을 닮고 싶다. 오늘도 우리 어린이집에는 아기 천사들의 솔직한 감정표현에 따라 행복한 목소리가 울려 퍼지고 있다.

**8**

## 또 읽어주세요

딸 수지는 세 살 무렵 백설공주와 일곱 난쟁이 동화책을 무척 좋아했다. 한 달 내내 그 동화책만 읽어 달라고 했다.

"엄마, 또 읽어주세요!"

아이들은 똑같은 책을 읽어도 오늘은 백설공주를 중심으로 이야기를 듣고, 다음 날은 일곱 난쟁이 중심으로 이야기를 듣고, 그다음 날은 마귀할멈 중심으로 이야기를 듣는다. 아이들의 관심인물은 책을 읽을 때마다 바뀌어서 매일 똑같은 동화를 들어도 즐겁고 신난다. 아이가 다른 동화책을 들고 와서 읽어 달라고 할 때에는 먼저 읽은 동화책의 상상력과 재미가 마무리되었다는 뜻이다.

어머니들이 가끔 질문한다.

"선생님, 애들이 왜 똑같은 동화책을 매일 읽어 달라고 하지요?"

똑같은 동화책을 반복해서 읽어 달라는 요청에 짜증을 내기도 한다.

"어제 읽어 봤잖아. 오늘은 다른 책을 읽어 보자."

아이는 엄마의 짜증을 이해하지 못한다. 엄마의 권유를 받아들이기 싫어 울거나 떼를 쓴다. 책읽기를 그만두고 다른 놀이를 하기도 한다. 자신이 좋아하는 그 책을 읽으며 나래를 펴던 아이의 무한한 상상력은 거기서 정지해 버리는 것이다.

유아기의 언어발달에서 읽기 발달 단계를 살펴보면 후기 영아기와 걸음마 시기에는 책이 무엇인지 이해하는 시기이다. 책과 장난감을 구별하는 단계로, 책을 잠깐 보다가도 다른 것에 관심이 생기면 책 보기를 멈춘다. 이 시기에는 밝고 깨끗하고 간단한 그림이 있는 책을 좋아하며, 종이로 만든 책보다 하드보드, 헝겊, 플라스틱으로 만든 책을 좋아한다.

2세 후반에서 3세경이 되면 책을 똑바로 세워서 책장을 넘기고, 다른 물건과 다르게 책을 다룰 줄 알게 된다. 그림책 속의 물건을 가리키며 이름을 말하기도 하고, 자신의 경험과 그림을 연결시킬 줄 안다.

그림책을 이용하여 가리키기-말하기-연결하기point-say-connect의 행동을 보이는 것이다. 토끼, 새, 다람쥐 같은 동물의 이름이나, 바나나, 사과, 딸기, 포도 같은 과일의 이름을 말하면서 동물원에서 동물을 본 경험과 과일을 먹은 경험을 그림으로 연결시킬 줄 안다.

3세 이후가 되면 들은 것을 더 많이 알게 되고, 함께 책 보기가 가

매일 엄마나 아빠가 자녀에게 책을 읽어준다면
아이가 가진 무한한 상상력은 활짝 나래를 펴게 될 것이다.
아이는 세상을 향해 높이 그리고 멀리 날아갈 수 있는
커다란 에너지를 품을 것이다.

능해진다. 이때부터 책 읽기가 초점이 되면서 혼자 책을 볼 수가 있다. 이 시기에 부모는 유아가 책을 이해하도록 대화를 많이 하고 유아 자신의 경험과 연결시키는 질문을 많이 하여 개념을 명확히 알도록 도와주는 것이 좋다.

아이들은 똑같은 이야기를 계속 반복해서 듣고 싶어 한다. 어떤 특정한 단어나 구절을 반복해서 말하기도 한다. 유아들이 동일한 이야기를 반복해서 들려 달라고 요구하면, 부모들은 귀찮더라도 아이들이 모든 단어가 익숙해질 때까지 이야기를 반복해서 읽어 주는 것이 좋다. 그것이 읽기 학습에 매우 중요한 요소이다.

아이들은 부모가 들려준 익숙한 이야기를 외워서, 그림만 보고 소리 내어 책을 읽는 시늉을 한다. 이 모습은 너무 귀엽고 대견스러워 부모를 웃게 만든다.

백설 공주를 좋아하던 우리 딸 수지는 이 문장을 주로 반복했다.
"거울아! 거울아! 이 세상에서 누가 제일 예쁘니?"

혼자 놀이를 할 때나 다른 놀이를 할 때도 자주 이 구절을 반복했다. 글자를 모르면서, 그림만 보고 엄마가 들려준 이야기를 암기해 마치 글자를 아는 듯 책 읽는 흉내를 내며 자기 마음대로 책의 내용을 바꾸어 창작해서 읽기도 했다. 글자를 모르는 이 연령대에만 볼 수 있는 '마음대로 창작하여 책 읽기'는 정말 예쁘고 사랑스럽다. 혼자 보기 아까운 광경이다. 신기하고 기특해서 웃음을 꾹 참고 유심히 바라보고 있으면 엄마의 시선을 알아차리고 책 읽기를 뚝 멈추어

버리곤 했다.

'언제 이만큼 컸지?'

안 보는 척, 다른 일을 하는 척, 귀 기울여 딸 수지의 창작 동화를 듣고 있노라면 가슴이 뭉클해졌다.


부모는 내 아이가 가진 보석의 빛깔이 얼마나 아름답고 눈부신지를, 부모의 삶에 얼마나 큰 기쁨이 되는지를 잘 알고 있다. 보석이 찬란한 빛을 발하기 위해서는 영유아기의 책읽기가 매우 중요하다. 아이의 가까운 동선마다 책을 두어 스스로 책을 가지고 놀며 읽을 수 있는 환경을 만들어 주어야 한다.

매일 엄마나 아빠가 자녀에게 책을 읽어준다면 아이가 가진 무한한 상상력은 활짝 나래를 펴게 될 것이다. 아이는 세상을 향해 높이 그리고 멀리 날아갈 수 있는 커다란 에너지를 품을 것이다.

제3장

# 엄마들의

# 수다

1

친정엄마 찬스 vs 남편 찬스

월요일 아침, 지인이 소개한 어린이집에 부모교육 재능기부를 하러 가기로 약속한 날이 되었다. 새벽 6시에 일어나 보니 장마 끝 여름비가 보슬보슬 내리고 있었다. '비가 와서 부모교육 신청한 어머니들이 다 오시려나?' 걱정을 하며 서둘러 출근 준비를 했다. 월요일이라 어린이집에 출근해서 여러 가지를 챙겨보고 가려면 일찍 서둘러야 했다.

지난밤부터 보슬비가 내렸지만 다행히 한 분만 결석하고 모두 참석했다. 부모교육 주제는 '나를 돌아보기'였는데 어머니들은 '나' 자신보다 '엄마인 나'에 대해서 함께 이야기 하고 고민을 나누었다. 깔깔대고 웃으며 즐거운 분위기로 교육이 이어졌다. 교육 마무리 시간에 자신이 행복해질 수 있는 방법을 찾기 위해 '나를 기쁘게 하는 방법 10가지'를 각자 써 보기로 했다.

다들 조용히 생각하며 방법들을 쓰고 있는데, 아기를 안고 두 번째 자리에 앉은 어머니가 먼저 말을 꺼냈다.

"제가 두 아이를 키우는데 남편이 다른 지역에서 근무 중이라 주말부부입니다. 혼자 두 아이를 키우다 보니 너무 힘이 듭니다. 저는 지금 나를 생각해 볼 시간조차 없어요."

어머니는 눈시울이 빨개지더니 눈물을 뚝뚝 떨어뜨렸다. 옆에 앉은 어머니가 얼른 앞에 놓인 티슈를 뽑아 건넸다. 혼자 두 아이를 키우면서 많이 힘들고 지쳐 있던 마음이 오늘 '엄마'라는 동지들이 모인 자리에서 자물쇠가 풀린 것이다. 자신이 힘들다고 이야기 할 수 있는 용기가 생긴 것이다. 어느새 모든 어머니들이 육아가 힘들다는 이야기를 주고받으며 서로를 위로하고 있었다.

갑자기 맨 앞에 앉은 어머니가 슬그머니 티슈를 뽑아갔다.

"선생님, 친정엄마 찬스를 쓰고 싶어요. 그런데 엄마가 요양병원에 계십니다."

말을 채 잇지도 못하고 티슈에 얼굴을 파묻었다. 스물다섯 살에 첫째를 낳고, 지금은 세 아이를 키우고 있는 젊은 엄마였다. 부모교육에 오신 분 중에 가장 나이가 어렸다.

세 아이를 혼자서 키우기에 너무 힘드니까 평소에도 가끔씩 친정어머니의 도움을 받고 싶다고 했다. 어떤 날은 어머니에게 모든 살림을 맡기고 하루 만이라도 아이들을 벗어나서 편하게 쉬고 싶단다. 그런데 엄마가 많이 아프셔서 요양병원에 계신다. 시간이 가면 나아서 퇴원할 수 있는 그런 상황이 아니라고 했다. 어머니의 완쾌는 불가능한 일이라는 걸 알기에 더욱 친정어머니의 빈자리가 그립고, 친정엄마 찬스를 쓰고 싶다고 했다.

슬픔을 억누르지 못하는 이 어머니의 눈물을 보면서 나의 친정엄마 생각이 났다. 일하는 딸을 도와주고 싶은 마음은 가득한데 사위가 불편해 할까봐 평소에는 딸 집을 찾지 않던 엄마. 그런 엄마가 남편이 잠시 외국 출장을 가 있는 동안 우리 집에 와 계신 적이 있다. 엄마는 손자 손녀의 아침을 준비해서 챙겨 먹이고, 낮에는 청소며 빨래며 평소 손닿지 않는 곳까지 구석구석 집안 살림을 도맡아 하고, 저녁에는 맛있는 저녁밥을 준비해놓고 우리를 기다렸다.

엄마가 와 계시는 동안 나는 몸무게가 늘어서 힘들었지만 그때 내가 누린 행복한 시간들은, 지금 내 앞에서 가슴 미어지도록 친정엄마를 그리워하는 이 엄마가 쓰고 싶어 하는 '친정엄마 찬스'였던 것이다.

"어머니, 어떻게 아이 셋을 낳을 생각을 하셨어요?"

"저는 7남매로 자랐고 언니들도 아이를 셋, 넷을 낳아 키우고 있어요. 그래서 아기는 셋, 넷을 낳는 건 줄 알았어요."

"우와, 대단해요! 정말 훌륭한 가족이네요."

우리는 모두 박수를 쳤다.

두 어머니는 스스로 일어나고 싶을 때까지 하루 종일 잠만 자보는 게 소원이라고 했다. 나는 그 소원을 응원했다.


언젠가 텔레비전에서 연예인들이 '일일엄마'가 되어주고, 진짜 엄

엄마가 행복하면 아이들이 행복해진다.
엄마가 행복하면 아빠가 행복해진다.
'친정엄마 찬스' 대신 '남편 찬스'가
가정의 평화로 이어질 것을 기대해본다.

마는 하루 휴가를 주었던 프로그램을 본 적이 있다. 만약 동화책 속에 나오는 요술방망이가 나에게 있다면, 육아와 살림에 힘든 어머니들을 위해서 하루의 휴가를 줄 수 있는 요정을 불러오고 싶다.

우리의 어머니들은 아이 키우는 게 당연한 일이라고 생각하며 살았다. 우리 세대도 그랬다. 또한 우리의 부모 세대는 많은 자녀를 낳았다. 우리는 여러 형제들이 함께 크면서 스스로 정한 규칙들을 지켜야 했다. 형과 동생을 위해서 배려하고, 양보하고, 희생하면서 성장했다. 물론 부모의 희생도 보면서 자랐다. 동생을 돌보면서 자연스럽게 육아법을 익히고 육아의 의무를 받아들였다. 그래서 우리가 부모가 되었을 때 육아가 힘들다는 생각보다 당연히 힘들려니 하는 생각을 먼저 했다.

지금 엄마들은 아이 키우는 것을 무척 힘든 일이라고 생각한다. 대체로 외동이나 두 형제만으로 자란 젊은 부모 세대는 우리 세대의 경험을 겪지 못했다. 그래서 자녀 양육을 걱정하는 마음이 앞선다. 아이를 어떻게 키워야 할지도 잘 모르는 편이다.

부모교육을 마무리하면서 생각했다. '친정엄마 찬스'를 쓸 수 없는 엄마들에게 '남편 찬스'를 쓸 수 있는 기회를 주는 것은 어떨까? 육아는 엄마들만의 몫이 아니기 때문이다.

물론 아빠들이 직장일이 바쁘고 힘들다는 건 잘 알고 있다. 그래도 하루 정도 휴가를 내서 고생하는 아내를 쉬게 해주고, 자고 싶은 만큼 푹 자도록 아이들을 돌보아준다면 재충전한 엄마들이 더욱 힘을 내어 육아에 전념할 수 있을 것이다.

엄마가 행복하면 아이들이 행복해진다. 엄마가 행복하면 아빠가 행복해진다. '친정엄마 찬스' 대신 '남편 찬스'가 가정의 평화로 이어질 것을 기대해본다.

**2**

절임배추와 엄마의 마음

해마다 12월이 되면 어린이집에서 아이들과 함께 김장을 한다. 아이들이 직접 김치 담그기를 하면서 김치는 매운 음식이라는 거부감을 없애고, 나아가 건강한 겨울나기는 무엇인지 알아보는 시간이기도 하다.

북어머리, 건새우, 대파, 버섯, 건다시마, 양파 등등 여러 가지 재료를 넣고 정성껏 우려낸 육수에 준비한 양념을 버무려 하룻밤 숙성을 시킨다. 어린이집에 퍼지는 김치양념 냄새로 학부모가 아닌 다른 분들도 김장하는 날이라는 것을 알 수 있다. 아이들의 김장 체험은 전날 준비해둔 양념을 배추에 직접 버무려 보는 것이다. 어린이용 김치양념은 고춧가루를 아주 조금만 넣고 빨간 파프리카를 갈아서 넣는다. 색도 예쁘고 맵지도 않고 시원한 단맛이 난다.

어린이 일회용 장갑을 낀 손에 빨간 양념이 묻으면 놀라서 우는 아이들도 있고, 선생님이 가르쳐준 대로 야무지게 양념을 바르는 아이들도 있다. 김장을 마치고 나면 돼지수육을 삶아서 새로 담근 김치와 점심을 먹는다. 김장한 날 점심시간에는 신기하게 모든 아이들이 김치를 잘 먹는다. 평소에는 맵다고 입에도 대지 않던 아이들에게 김장체험의 값진 교육효과가 나타나는 것이다.

몇 해 전의 일이다. 어린이집에서 김장하는 날 어머니들이 집에서 배추 한 포기를 소금에 절여서 씻고 물기를 빼서 보내주었다. 어머니도 김장에 함께 참여한다는 의미였다. 어머니들이 보내주신 배추로 아이들과 함께 김장을 하고 나서 하원 때 집으로 4분의 1쪽씩 보내드렸다. 어머니는 아이가 만든 김치 맛도 보면서 어린이집 활동에 대해서 이야기도 나누고, 아이는 김장은 나누어 먹는 것이라는 미덕도 배우는 것이다. 집으로 보내고 남은 김치는 이듬해 봄까지 친구들이 먹을 수 있도록 김치냉장고에 보관했다.

어머니들이 보내온 절임배추 한 포기는 각양각색이었다. 소금에 절이지 않은 생 배추도 있고, 배추를 절이는 소금의 양을 몰라서 배추가 펄펄 살아서 밭으로 가려는 배추도 있고, 너무 오랜 시간 절여서 갈색이 되어버린 배추도 있었다.

아이들이 등원하자마자 저마다 집에서 가져온 배추를 풀어서 준비하느라 바쁜데, 3세 반 선생님이 다급하게 달려왔다. 손에는 절임배추 대신 은정이 어머니가 씻어서 보내준 배추김치 두 조각이 들려 있었다. 이런 김장 준비물을 받아본 것이 처음이라 어떻게 해야 할지 당황스러웠다. 친구들은 뽀얀 절임배추에 양념을 바르는데 은정이만 씻은 배추김치에 다시 양념을 발라야 할 상황이었다. 씻은 배추김치는 다른 어머니들이 보내준 절임배추와는 색깔도 크기도 확연히 달랐다.

평소 자기주장이 강했던 은정이 어머니는 미처 절임배추를 준비 못했다가 내 아이만 김장 체험을 못할 것 같은 걱정스러운 마음에 김치를 씻어서 보낸 것 같았다. 어머니의 마음은 이해가 갔다. 하지만 담임선생님에게 전화해서 의논했더라면 어머니의 걱정을 더 잘 헤아려 줄 수 있었을 텐데 안타까웠다. 어린이집에서는 행여 김장 준비물을 보내지 못하는 어머니가 있을까봐 절임배추를 여유 있게 두 박스 사서 준비를 해두고 있었던 것이다.

우리는 임기응변으로 이 위기를 넘겼다. 어머니가 보내준 씻은 김치는 은정이가 보지 않게 살짝 치우고, 어린이집에서 준비해둔 큰 포기 배추로 양념 버무리기 체험을 마쳤다. 물론 은정이도 하원할 때 김치 한 쪽을 들고 갔다. 그날 오후 어머니들에게 많은 전화를 받았다.

"김치가 너무 맛있어요."

"어떻게 양념을 한 건지 레시피를 알고 싶네요."

어머니들은 뜨거운 반응을 보였지만, 은정이 어머니는 김치를 받았는지, 맛은 어땠는지 다음 날도 그다음 날도 아무런 말이 없었다.

그날 이후 김장할 때 절임배추 준비물은 받지 않았다. 어린이용 개인 앞치마와 머릿수건만 준비해서 오도록 했다. 어린이집에서 모든 것을 준비해서 체험하고, 친구들과 선생님이 함께 만든 김치를 수육과 함께 맛있게 나누어 먹었다. 매년 집으로 보내던 김치 한 쪽은 보내지 않았다. 김장은 모두 김치냉장고에 넣어두고 다음 해 봄까지 맛있게 꺼내 먹었다.

어머니의 마음은 똑같다. 내 아이만 준비물을 안 가져가면 체험을 못할까봐 걱정하는 은정이 어머니의 마음이 어떤 것인지는 이해할 수 있다. 하지만 담임선생님과 의논하고 소통하는 것도 아이를 위한 사랑임을 엄마들은 잘 모른다.

나 역시 아이가 어렸을 때 그런 엄마였다. 첫째가 네 살 때 일이다. 아이를 미술학원에 보내고 아침 설거지를 하다가 도시락만 챙겨 보내고 수저통을 안 챙겨 보낸 것을 뒤늦게 알았다. 개인 수저가 없으면 점심을 먹지 못할까 봐 걱정이 되어서 둘째를 업고 급하게 달려갔다. 때 아닌 방문이 미안해서 지갑을 탈탈 털어 반 친구들의 간식을 사서 양손에 들고 갔다. 아기까지 업고 갔던 그 길이 너무 멀고도 힘들게 느껴졌던 기억이 지금도 생생하다.

"어머니, 수저 안 갖다 주셔도 저희들이 여분 수저로 챙겨 먹이는데, 아기까지 업고 힘들게 오셨어요? 그냥 오셔도 되는데 아이들 간식까지 사 오시고."

따뜻하게 맞아주시던, 강원도 말투가 예쁜 원장 선생님 목소리가 아직도 생생하다.

지금 어린이집에도 지난날 나와 같이 도시락 수저를 깜빡하고 안 보내는 어머니들이 있다. 어머니들이 전화를 걸어와 걱정을 하면, 수저도 식판도 여유분이 있으니 걱정하지 마시라고 한다. 그럴 때마다 딸아이 네 살 때의 추억을 떠올리며 혼자 웃는다. 엄마 마음은 똑같다는 것을 잘 아니까.

씻은 김치를 준비물로 보낸 은정이 어머니의 마음, 아기를 업고 간식을 사서 미술학원으로 수저통을 가져갔던 나의 마음. 이 두 마음은 모두 자식 사랑이다. 어머니의 자식 사랑이 아이를 성장시키는 알짜 사랑이 될 수 있도록 지혜로운 엄마, 소통하는 엄마가 되었으면 한다.

3

## 내 소유물 내 맘대로 합니다

아이들이 하원할 무렵 후배 원장에게서 전화가 왔다.

"원장님, 저 이 일 안하고 싶습니다. 정말 힘이 빠집니다."

울먹이는 목소리에 왜 그러냐고 물었더니, 오전에 있었던 이야기를 들려주었다.

둘째를 임신해서 출산을 앞둔 어머니가 숨을 헐떡이며 급히 와서는 현관에 서서 이렇게 말했다고 한다.

"내일부터 어린이집 안 다닙니다. 오늘 퇴소시켜 주세요!"

"어머니, 갑자기 퇴소라니요? 뭐 서운한 일이라도 있으셨나요? 어머니, 사무실로 들어오세요. 왜 그만두시는지 차근차근 이야기를 나누어 봐요."

"내 소유물 내 맘대로 하는데 무슨 이유를 말해야 하나요?"

아무리 이야기를 나누어 보려 해도 막무가내 자기 하고픈 말만 쏟

엄마가 잘하고 있는지를 보려면 등원하는 아이의 얼굴을 보면 되고,
교사가 잘하고 있는지를 보려면 하원하는 아이의 얼굴을 보면 된다.
엄마의 사랑이, 교사의 사랑이 고스란히 아이에게 전달되어
얼굴 표정으로 나타나기 때문이다.

아냈다고 한다. 이유도 모른 채 개인소지품과 함께 엄마 손에 이끌려 가는 아이를 보며 가슴이 먹먹했다고 한다. 아이는 자기를 데리러 모처럼 어린이집에 온 엄마가 반가워서 생글생글 웃으며 엄마 손을 잡고 따라갔다는데…….

그 어머니는 평소 선생님과 주고받는 알림장에 별 대답이 없었으며, 다정다감한 성격은 아니었다고 한다. 출산 준비 때문인지, 서운한 일이 있었는지 이유도 알지 못하고 갑작스러운 이별을 맞은 후배 원장의 상심은 몹시 컸다.

우리는 어머니가 아이를 내 소유물이라고 한 말을 어떻게 받아들여야 할지 난감했다. 마음 아파 힘들어하는 후배에게 위로해줄 말이 금방 떠오르지 않았다. 부모들은 자녀를 소유물로 착각하는 경우가 많다. 아이도 고유한 인격체인데 말이다.

4개월 동안 먹이고 재우고 함께 지내다보면 선생님에게 아이는 자식과도 같은 존재가 된다. 그런데 갑자기 엄마가 와서 내일부터 안 보낸다는 말과 함께 아이를 데리고 가 버리면 교사는 상실감에 빠지게 된다.

어머니와 교사의 소통은 매우 중요하다. 아파서 병원에 가면 어디가 어떻게 아픈지 의사에게 자세히 설명해야 의사가 아픈 곳을 낫게 해주듯이, 어머니는 담임에게, 담임은 어머니에게 매일 이야기하고 소통해야 한다.

선생님은 아이가 어린이집에서 어떻게 지냈는지 매일 수첩에 기록해서 보낸다. 건강상태는 양호한지, 대변은 몇 시쯤 봤는지, 변 모양은 어땠는지, 간식과 점심은 얼마만큼 먹었는지, 기분은 어땠는지 자세하게 하루 일과를 기록한다.

선생님의 자세한 하루 일과 기록에 비해 어머니들의 기록은 모두 다르다. 간단히 필요한 것만 체크해서 보내는 어머니가 있고, "파이팅하세요! 오늘도 힘내세요!"라며 격려의 말까지 적어서 보내는 어머니도 있다. 어떤 어머니의 경우는 선생님이 빼곡히 손으로 직접 써서 보낸 아이의 하루 일과를 읽었는지, 안 읽었는지 알 수가 없다. 답변도 없고 깨끗한 백지 그대로 보내준다. 선생님은 어떤 어머니의 아이에게 더 마음이 갈까?

엄마가 잘하고 있는지를 보려면 등원하는 아이의 얼굴을 보면 되고, 교사가 잘하고 있는지를 보려면 하원하는 아이의 얼굴을 보면 된다. 엄마의 사랑이, 교사의 사랑이 고스란히 아이에게 전달되어 얼굴 표정으로 나타나기 때문이다.

아이가 하루 중 일곱 시간을 어린이집에서 보낸다면 나머지 시간은 집에서 엄마와 보내게 된다. 선생님은 아이와 함께하는 일곱 시간 동안 온 정성을 다한다. 아이들은 선생님의 사랑을 알기에 엄마보다도 선생님이 더 예쁘다고 말한다. 엄마도 교사만큼 아이와 함께하는 시간에 정성을 다하고 있는지 한번쯤은 생각해 보았으면 한다.

가끔 오직 내 아이한테만 잘해주기를 바라는 어머니가 있다. 선생님은 다섯 명, 일곱 명의 자녀를 둔 낮 엄마이다. 모두에게 똑같은 사랑과 정성을 기울여야 하고, 또 기울이고 있다.

'저 어머니는 선생님이 아이 한 명만 돌보는 것으로 잘못알고 있는 것 같아.'

지나칠 만큼 담임선생님에게 많은 요구를 하는 어머니를 볼 때면 드는 생각이다.

낮 엄마와 집 엄마의 소통, 즉 교사와 어머니가 소통하는 깊이만큼 아이들은 자란다. 그 깊이가 길어질수록 아이들의 미래는 밝아질 것이다.

4

# 아이의 거울에 비친 모습

　퇴근 후 다가오는 금요일 저녁에 있을 여름 페스티벌 행사에 쓸 간식을 사러 대형마트에 갔다. 며칠 연이어 폭염이 계속되고 있어서 마트에서 장을 보는 동안만이라도 시원한 에어컨 바람을 쐴 수 있으리라는 기대를 안고 남편에게 동행을 제안했다. 마트에 가면 무거운 카트를 밀고 다니는 것은 남편 몫이니까 두 가지 이유로 함께 가기를 부탁했다.

　그런데 마트는 생각했던 것만큼 시원하지 않았다. 바깥 날씨가 연래 없던 폭염이다 보니 여름 적정 실내온도 26도가 전혀 시원하게 느껴지지 않았다. 에어컨을 과도하게 틀면 전기에너지를 낭비하게 됨은 물론 냉방병의 원인이 될 수 있기에 마트는 적정 실내온도를 지키는 모양이었다. 에너지 절약과 건강 관리에 도움이 된다니, 조금은 후덥지근해도 활동에 불편하지 않을 만큼의 적당한 온도에 만족해야 했다.

행사에 쓸 간식을 모두 담아 계산을 마치고 4층 주차장으로 올라가기 위해 엘리베이터를 향해 걸어갔다. 근처에서 두 살 정도의 딸을 카트에 태운 아빠가 아이를 돌보고 있었다. 아마 아기엄마를 기다리고 있는 듯했다.

"코코코코, 눈눈눈눈."

아빠는 엄지손가락으로 수영복을 입고 있는 어린이 마네킹의 코와 눈을 직접 만지면서 명칭을 가르치고 있었다.

'나도 우리 애들 어렸을 때 눈코입을 가장 먼저 가르쳤는데, 참 대단한 아빠네.'

나는 옛 생각에 젖었다. 남편도 같은 생각이었는지 우리 부부는 나란히 미소를 지었다. 그런데 반전이 일어났다.

"코코코코, 눈눈눈눈, 폭 찔러 버려라!"

한참 단어를 반복하던 아이 아빠가 이렇게 말한 것이다. 잘못 들은 줄 알았다. 우리 부부는 동시에 얼음이 되어버렸다. 남편도 아이 아빠의 말을 들은 것이다.

'아빠가 저런 말을 하면 아이는 무얼 배우지? 눈, 코, 입을 호칭할 때 아이가 콕 찌르는 행동을 해도 되는 것으로 인식하면 어쩌지?'

너무나 당황스러웠다. 아이가 정말로 그런 위험한 행동을 배울까 봐 걱정스러웠다.

어린아이들은 옳고 그름을 판단하지 못한다. 눈으로 보는 대로, 귀로 듣는 대로, 스펀지가 물을 빨아들이듯이 습득하게 된다. 그래서 부모는 말 한마디 행동 하나하나를 조심해야 하는 것이다.

눈을 찌르라는 아빠를 보면서 지난 봄소풍 때 있었던 일이 생각났다. 오늘같이 언짢은 기분을 느낀 날이다.


우리 어린이집에서는 일 년에 두 번, 봄소풍과 가을소풍을 갈 때 엄마표 도시락을 싸온다. 평소 현장체험학습을 갈 때는 조리사 선생님이 점심을 준비하지만, 두 번의 소풍 때에만 엄마가 도시락을 마련한다. 엄마의 정성을 엿볼 수 있는 기회이다.

둥글게 모여 앉아 엄마가 싸준 도시락을 열었다. 김밥을 싸온 친구도 있고, 초밥이나 볶음밥을 싸온 친구도 있었다. '도시락 콘테스트' 작품처럼 하나같이 예쁘고 먹음직스러웠다. 선생님은 친구들이 싸온 다양한 도시락과 과일을 펼쳐놓고 서로 나누어서 먹도록 했다. 김밥, 초밥, 주먹밥, 메추리알, 치킨 너겟, 소시지……. 어떤 것이 먹고 싶은지 물어보고 자기 도시락에 없는 맛있는 밥과 반찬, 과일을 서로 맛있게 나누어 먹도록 선생님이 도와주었다. 아이들은 호기심만큼 여러 가지 다양한 음식을 먹는 것을 좋아한다.

"안 돼! 우리 엄마가 비싼 거라고 나 혼자만 먹으라고 했어. 절대 친구 주지 말라고 했어."

수정이가 과일을 담아온 핑크색 도시락 뚜껑을 닫아 다리 사이에 끼우고는 두 손으로 가렸다.

"그렇구나! 엄마가 얼마나 맛있는 걸 싸 주셨는지 선생님이 보기만 해도 될까?"

골드키위였다. 나는 수정이 어머니의 예쁜 얼굴이 떠올랐다. 어떻게 딸에게 그런 말을 했는지 자못 안타까웠다.

"수정아! 그럼 딸기 안 먹고 싶어? 바나나는? 포도는? 저 삐약이 메추리알은?"

"먹고 싶어요."

수정이는 자신이 싸온 골드키위는 나누어 주기 싫고 친구 것은 모두 다 먹고 싶다고 했다. 오랜 설득 끝에 수정이는 키위가 든 과일 도시락을 내밀었다. 그리고 다른 친구들이 싸 온 예쁜 모양의 도시락과 과일을 골고루 나누어 먹었다.

부모와 아이는 서로를 마주보는 거울이다. 아이를 보면 부모를 알 수 있고 부모를 보면 아이를 알 수 있다. 수정이 어머니가 아침에 도시락을 싸 보내면서 이렇게 일렀다면 어땠을까?

"골드키위 비싼 거니까 친구들과 함께 나누어 먹어라."

그랬다면 수정이는 과일도시락 뚜껑을 가장 먼저 열어 엄마 솜씨를 자랑하면서 친구들과 나누어 먹었을 것이다. 도시락은 나누어 먹을 때 더 맛있고 기쁨도 커진다는 사실을 배웠을 것이다. 그렇게 자란 수정이는 양보와 배려의 향기가 가득해져 더 많은 친구들에게 사랑을 받을 것이다.

아이들은 본 대로 자란다. 자신은 어떤 모습으로 아이의 거울에 비추어지고 있는지 생각하는 부모가 되었으면 한다.

**5**

죽고 싶었지만 살았습니다

2018년 7월 P시, 민간 어린이집 원장이 저수지에 차를 몰고 돌진해 물에 빠져 숨졌다고 한다. 원장은 최근 한 학부모의 아동학대 신고로 경찰의 수사를 받아왔고, 이번 사건으로 심적 고통이 심했으며, 무리한 금액의 합의금을 요구한 학부모를 처벌해달라는 내용의 유서를 남기고 하늘나라로 가 버렸다.

원장의 고통이 얼마만큼이었을지 먼저 겪어보았기에 알 수 있다. 나 역시 그때 죽고 싶었지만 억울해서 견뎌야 했다. 죽음을 택할 수밖에 없었던 그 원장의 선택이 너무 안타깝다.

몇 해 전 우리 어린이집 학부모가 아동학대 신고를 한 적이 있다. 경찰과 아동보호 전문기관 담당자의 갑작스러운 방문은 어린이집 운영관리 책임자로서 숨 막히는 일이었다.

어머니들 중에는 교사를 신뢰하지 못한 채 아이들을 어린이집에 보내는 분이 있다. 하원할 때 아이의 표정이 밝지 못하고 언짢아 보이면 그 원인이 모두 담임선생님에게 있다고 생각한다. 교사는 하루 종일 아이들 돌보느라 기진맥진인데 부모의 의심까지 받게 되는 것이다.

아이들은 그날의 상태에 따라 기분이 좋기도 하고 안 좋기도 하다. 제시간에 낮잠을 못 잔 날은 집에 갈 시간이 되면 피곤해서 기분이 좋지 않을 것이며, 친구와 놀이하다가 좋아하는 장난감을 마음대로 갖고 놀지 못한 날도 표정이 안 좋을 것이다. 선생님이 친구와 똑같이 머리를 묶어줬는데, 친구가 더 예뻐 보여서 뾰로통한 채 하원했을 수도 있다. 아이의 표정이 불편해 보이는 날에 어머니는 담임선생님에게 전화를 걸어 혹 무슨 일이 있었는지 물어보고 소통하면 된다. 선생님이 별난 엄마라고 생각할까봐 그날그날 소통하지 않았다고 말하는 엄마를 도저히 이해하기 어렵다.

아동학대를 의심한 어머니의 아이는 또래 중에 어휘력이 가장 뛰어났다. 때문에 만약 엄마 생각대로 담임선생님과의 갈등이 있었다면, 집에 도착하자마자 자기의 기분과 선생님의 행동에 대해 똑똑하게 이야기했을 것이다.

아이의 담임은 유아교육과 교수님의 강력한 추천으로 입사한 사람으로, 우리 어린이집이 첫 직장이다. 가장 막내였지만 한 번도 교사의 자질이 부족하다고 느낀 적이 없었다. 곱고 예쁜 인성을 가진 교사다. 아이들을 한결같이 예뻐하고 부모님도 잘 챙기는 효녀이기도 하다. 나이는 어려도 요즘 젊은 사람답지 않게 사려 깊고 생각의 폭도 넓어서 다른 교사에게 모범이 되었다. 막내교사가 어떤 사람인지를 잘 알기에 누가 무어라 말해도 나는 교사 편이었다.

교사는 아이에게 신체적, 정신적으로 공격을 가한 적도 없었고, 창피를 주거나 수치심을 갖게 한 적도 없었다. 아동학대 신고는 엄마만의 생각과 판단으로 한 것이다. 교사는 3월에 입학해서 적응하느라 울고 힘들어 하는 아이들과 열심히 하루하루를 보낸 죄밖에 없었다.

아이들을 보호해야 하는 원장은 교사들도 보호해야 할 의무가 있다. 네 살인데도 두 명을 제외하고 모두 기저귀를 찼고 아직 기본 생활습관이 형성되지 않은 천방지축 개구쟁이들을 돌보느라 점심 먹을 시간도, 화장실 갈 시간도 없이 담임이 고생한다는 것을 잘 알기에 그 어머니 편을 들 수가 없었다. 나는 막내교사 편이었다.

하루 만에 어린이집은 초토화 되었다. 순식간에 몰려온 어머니들은 평소와는 완전히 달랐다. 교사와 나를 마치 살인자 보듯이 쳐다보고 있었다. 어느 누구도 내 편은 없었다. 그날 어머니들의 그 눈빛은 내게 평생 잊을 수 없는 상처로 남아 있다.

아무런 학대 정황이 없는 담임을 내보내라고 선동한 어머니는 끝까지 아동학대가 의심된다고 경찰조사를 의뢰했다. CCTV 영상과 함께 경찰조사를 받았다. 긴 시간이 걸려 조사가 잘 마무리되었다.

'자다가 하루아침에 날벼락을 맞았다'는 표현이 맞을 것이다. 조용한 바닷가에서 쓰나미 태풍을 맞은 느낌, 면전에서 생글생글 웃던

교사는 원장에게 자식과 같은 존재다.
훌륭한 자질을 갖추도록 늘 가르치고,
원장을 대신할 수 있는 교사,
원장보다 훌륭한 교사를 만들기 위해
최선을 다하고 있기에 교사는 자식인 것이다.

어머니에게 뒤통수를 얻어맞은 그때의 비참했던 마음은 글로 다 표현할 수가 없다.

아이들이 예뻐서 대학 졸업 후 아이들과 묵묵히 함께해온 나에게 그 엄마가 한 아동학대 의심 신고는 죽음까지 생각하게 만들었다. 그날 밤, 잠이 들면 다음 날 아침 시체로 발견될 것만 같았다. 들숨 날숨이 고르지 않고 버거웠기에 잠이 들자마자 곧 죽을 것만 같았다. 구급대원 아저씨들이 와서 우리 집이 지저분하다고 흉 볼까봐 나는 숨 쉴 힘조차 없는 기력으로 기어다니면서 대강 집을 치웠다. 그리고 침대에 누웠다.

물 한 모금 넘어가지 않았다. 목을 조르지 않아도 숨통이 막혔다. 정말 피가 마를 만큼 고통이 컸기에 눈물도 나지 않았다. 간혹 드라마에 갑자기 충격을 받아 쓰러져서 말문을 닫기도 하고, 식물인간이 되기도 하고, 깨어나지 못하고 죽기도 하는 장면이 나오는데, 이것이 사실이라는 것을 몸소 느낄 수 있었다.

아무런 학대 정황이 없어도, 아이에게 상처가 없어도, 부모가 경찰서에 아동학대가 의심된다는 신고를 하기만 하면 부모의 요구대로 조사를 받아야 하는 대한민국의 아동학대법을 도저히 이해할 수가 없다. 부모만 인격권이 있고 교사와 원장에게는 인격권이 없는 우리나라의 법을 받아들이기 어렵다.

막내교사와 나는 죽지 않고 살았다. 혼자가 아니라 둘이였기에 우리는 사람 인人 자의 모습으로 서로 기대고 의지하면서 조사기간을 버텼다. 교사로서 부끄러운 행동을 하지 않았기에 당당하게 견뎠다.

억울해서 더욱 견뎌야 했다.

　교사는 원장에게 자식과 같은 존재다. 훌륭한 자질을 갖추도록 늘 가르치고, 원장을 대신할 수 있는 교사, 원장보다 훌륭한 교사를 만들기 위해 최선을 다하고 있기에 교사는 자식인 것이다.

　막내교사는 우리 딸보다 한 살 어리다. 원장이 무너지면 딸 같은 막내교사도 함께 무너지기에 나는 이를 악물고 힘든 시간을 버텼다. 막내교사는 학부모에게 아동학대 의심을 받는다는 것이 죽을 만큼 힘들면서도 아무렇지 않은 듯 평소와 똑같이 아이들을 돌보면서 하루하루를 보냈다.

　조사는 끝이 났고 잘 마무리 되었다. 막내교사는 본인 이름이 학부모 사이에 직접 거론되어서 힘이 들었고, 나는 조용한 내 성역에 내 식구를 건드린 나쁜 사람과 맞서 싸워야 했기에 힘이 들었다. 나는 엄마이고 원장이다. 막내교사와 내가 입은 상처를 생각하면 그 엄마를 도저히 용서할 수가 없다. 정신을 차리고 생각했다. '나쁜 사람은 내가 직접 벌하지 않아도 하나님이 언제 어디서 어떤 형태로라도 그만큼의 고통으로 벌하리라'고.

　나는 막내교사의 엄마 노릇을 하느라 죽을 만큼 힘이 들었다. 그렇지만 교사의 친엄마는 원장인 나보다 당신 딸의 일들로 더 가슴 아팠을 것을 잘 안다. 아동학대를 의심한 그 엄마는 네 살배기의 엄마다. 이제 겨우 네 살의 엄마인데 누구의 엄마라는 존재로 살아갈 시간은 무척이나 길다.

우리는 똑같이 딸을 둔 엄마이다. 네 살, 스물일곱 살, 스물여덟 살 딸들의 엄마이다. 살면서 누구에게 상처 주는 일은 하지 않아야 한다. 행여나 실수로 그리했다면 자기가 한 말과 행동을 책임지고 수습할 수 있어야 한다. 그리고 사과해야 한다. 진실로 미안하다고. 그렇지 않고 누구에게 상처만 준다면 상대방이 겪은 그 힘든 고통이 부메랑이 되어 돌아갈 것이다.

막내교사는 어린이집을 그만두지 않았다. 아동학대 교사로 오해받았다는 사실이 견디기 힘들어서 도피하고 싶었을 것이다. 다시는 부모님들 얼굴을 보고 싶지 않았을 것이다. 하지만 아이들에게 잘못한 일이 없기에 하루도 쉬지 않고 당당하게, 열심히 출근했다.

2018년 7월 민간어린이집 원장이 선택한 죽음은 안타깝고 애통한 일이다. 학부모 입장에서만 생각하고 내뱉은 말, 상대방의 입장에서는 한 번도 생각하지 않은 한마디의 말이 독이 되어 한 사람을 하늘나라로 가게 만들었다.

앞으로 유아교육 현장에서 이런 일들이 절대 일어나지 않기를 간절히 기도한다.

6

교사의 사랑과 부모의 믿음

늦깎이로 대학원을 졸업한 후에 가끔 부모교육 재능기부를 한다. 두 아이를 먼저 키운 엄마이기도 하고, 오랫동안 유아교육 현장에 몸담고 있기에 어머니들의 고민이 무엇인지 조금은 알기 때문이다.

가정 어린이집에서 한 시간 부모교육을 부탁했다. 네 분이 참석해서 부모교육이라기보다는 함께 생각을 나누는 소모임 형태로 진행을 했다. 주제는 '나를 돌아보기'였는데, 어린이집 학부모라는 공통분모가 있기에 함께 이야기를 나누다 보니 결국 '좋은 엄마 되기'에 초점이 맞추어졌다.

아이들 양육의 힘든 점에 대하여 어머니들과 경험담을 함께 나누다 보니 엄마로서 잘하고 있는지, 그리고 자신에게도 잘하고 있는지 되돌아보는 시간이 되었다. 부모교육을 이끌어 갈 때 강사가 많은 이야기를 하기보다는 어머님들의 마음을 함께 나눌 수 있는 활동을 하다 보면, 스스로 해답을 찾게 되고 교육도 지루하지 않다. 서로에게서 많은 도움을 받으며 적극적으로 교육에 참여하게 되는 장점도 있다.

교육을 마치고 어느 어머니가 질문을 했다. 세 살 딸과 아들, 이란성 쌍둥이를 둔 어머니였다. 그런데 아랫집이 아닌 아파트 윗집에서 쌍둥이들 뛰어다니는 소리가 너무 시끄럽다고 소음신고를 했다는 것이다. 평소에 아이들 때문에 시끄럽다고 주의해 달라는 이야기가 전혀 없다가 갑자기 소음신고를 받게 되어 무척 힘들었다고 한다.

어머니는 미안한 마음을 전하려고 과일을 한 박스 사서 저녁 시간쯤 위층으로 올라갔는데, 어른들은 볼일 보러 가고 없었다. 그 집 초등학생 아들에게 과일 박스를 건네며 아래층 아줌마가 미안해서 찾아왔었다는 말을 꼭 좀 전해달라는 부탁을 하고 내려왔다. 저녁 아홉시쯤 벨이 울려서 현관문을 열어보니 위층 초등학생 아들이 과일 박스를 들고 서 있었다.

"엄마가 과일 안 받는다고 갖다드리래요."

그날 이후 아직까지 위층 아주머니를 직접 만나서 미안하다는 말을 못했다고 한다. 어떻게 하면 좋을지 고민 중이라고 했다. 아이들 아빠는 다른 지역에 출장을 가 있어서 주말부부인데 남편이 신경 쓸까봐 윗집과 있었던 일을 말하지 않았다고 한다.

어머니들과 함께 걱정하며 좋은 방안이 무엇일지 한참 동안 이야기를 나누었다. 나도 오랜 시간 아이들과 함께 지낸 경력자로서 아이들의 특성을 참고해서 어떻게 하면 좋을지 의견을 보탰다.

우선, 아이들에게 "뛰지 마!"라는 부정적인 말 대신에 아이들이 뛰려고 할 때마다 "사뿐사뿐"이라는 단어를 사용하여 집에서는 뛰지 않고 걷는 습관을 들이도록 한다.

어린이집에서 하원을 하면 쌍둥이를 데리고 곧장 집으로 들어가기보다는 아파트 놀이터에서 그네도 타고, 화단의 개미도 관찰하고, 흙놀이도 하면서 엄마의 보호 아래 바깥놀이를 실컷 하고 집으로 간다. 그러면 저녁시간에 뛰어다니는 시간이 조금이라도 줄어들게 될 것이다.

남편에게 그동안 있었던 일들을 솔직하게 이야기하고 함께 도와달라고 부탁을 해야 한다. 남편이 주말에 집에 오면 피곤해서 쉬고 싶겠지만 쌍둥이를 위해서 몸으로 부대끼며 놀아주는 시간이 필요하다. 아이들은 엄마와의 놀이보다 아빠와 하는 놀이를 더 좋아한다. 아이들에게는 긴 놀이시간보다 짧은 시간이라도 아빠와 충분히 공감하면서 신나게 놀이하는 시간이 필요하다.

아직 얼굴을 보지 못한 위층 아주머니에게는 글로 마음을 전하는 방법이 나을 것 같았다.

"세 살 된 쌍둥이를 키우다 보니 본의 아니게 시끄럽게 해서 죄송합니다. 이웃에게 피해가 가지 않도록 아이들과 약속하고 계속 가르치고 있는 중입니다. 조금만 시간을 주시면 감사하겠습니다. 죄송합니다."

이런 내용의 손편지를 써서 우편함에 넣어두면 쌍둥이 엄마의 진심을 조금은 이해하고 기다려주지 않을까?

어머니들은 이렇게 생각을 모았다.


나와 동생들은 주택에서 자랐다. 3남 1녀가 큰 소리로 뛰고 떠들어도 이웃에서 시끄럽다고 조용히 하라는 이야기를 들어본 적이 없었다. 자연을 놀이터 삼아 뒷산으로, 들로, 친구들과 언니들을 따라 마음껏 뛰어놀았다. 뒷동산에서 이름 모를 풀을 칡으로 알고 캐서 먹고는 병원으로 업혀 간 적도 있었다. 이웃집 눈치 안 보고 마음껏 뛰어놀던 그때가 참 좋았던 것 같다.

요즘은 아파트에서 생활하는 가정이 대부분이다. 서로 이해하고, 조심하고, 예의를 지키는 문화가 습관이 되어야 한다는 것이 문명의 발달로 생겨난 숙제이기도 하다.

우리가 사는 아파트 윗집에는 가끔 손자가 놀러온다. 우리 부부는 인내심을 총동원한다. 우다다다! 우다다다! 마치 집에서 달리기 대회를 하는 것 같은 발소리가 난다. 윗집 손자는 왜 항상 뛰어 다니는지 몇 번이고 물어보고 싶었지만, 내가 아이들을 돌보는 일을 하고 있기에 참고 또 참는다.


가끔은 마음껏 뛰어놀 수 있는 자유를 이웃주민이 아닌 엄마가 구속할 때가 있다.

"선생님, 우리 아이 감기 걸리면 안 되니까 꼭 목도리하고 바깥놀이 나가도록 하세요."

대화수첩에 적어온 글이다. 햇살이 따뜻해서 오전 바깥놀이 시간에 놀이터에서 비눗방울 불기 놀이를 했다. 모두가 깔깔대며 비눗방울을 잡느라 땀을 뻘뻘 흘리며 신나는 놀이 시간을 보냈다. 더 놀고 싶어 하는 아이들의 요구에 미끄럼틀도 타고 자동차도 타며 놀다가 점심시간이 되어서야 교실로 들어왔다.

담임선생님은 아이들을 모두 하원시키고 반 밴드에 놀이터에서의 바깥놀이 사진을 올렸다. 모든 어린이집 아이들이 하원한 뒤 청소를 하고 있는데, 그 어머니에게서 전화가 걸려왔다.

"선생님, 밴드 사진 보니까 비눗방울 놀이할 때 바람 불던데, 왜 우리 아이 목도리 안 해 주셨어요? 제가 부탁했잖아요."

"어머니, 비눗방울은 입으로 후 하고 바람을 불어야 날아가잖아요. 그건 바람이 아니고 비눗방울 날리려고 제가 입으로 분 바람입니다. 오늘 날씨에 목도리를 했더라면 땀이 나서 제대로 놀 수가 없었을 겁니다."

선생님의 대답에 어머니는 오해해서 죄송하다는 말도 없이 알았다고 하면서 전화를 끊었다. 선생님은 한참 동안 멍하니 서 있다가 교실청소를 마무리했다.


선생님은 어머니와 같은 마음으로 자기 반 아이들을 보살피며 하루를 보낸다. 아이들에 대한 애착심도 엄마만큼 강하다. 아이들이 바깥에서 놀 때 목도리를 해야 할 날씨인지, 목도리를 하면 더워서 놀이에 방해가 되는지 누구보다 잘 알고 있다.

어머니들이 선생님을 믿어주는 것이 내 아이를 더욱 잘 키울 수 있는 방법이다. 선생님이 아이들과 마음껏 뛰어놀면서 아이들의 가슴에 사랑을 심어줄 수 있도록 선생님을 믿고 맡겨 주는 부모님이 세상에 가득하면 좋겠다. 그러면 교사들이 더 힘이 나고, 그 힘은 아이들에게 고스란히 전해질 것이다.

교사의 사랑과 부모님의 믿음이 서로를 향해 있다면, 아이들이 마음껏 뛰어놀 수 있는 자유를 매일 선물할 수 있을 것이다.

## 엄마여서 행복한 나

남의 아기도 예뻐하는 성격이어서 내 아이 둘을 키웠던 시간은 인생에서 가장 행복했던 시간이다.

나는 결혼 후 시댁에서 시어른들과 함께 살았다. 맏며느리라서 가풍을 익혀야 하기에 함께 살아야 한다는 어른들의 의견에 흔쾌히 따랐다. 친정에서 할머니와 함께 삼대가 대가족을 이루고 살았기 때문에 시부모와 함께 산다는 것이 두렵지 않았다. 먼저 결혼한 친구가 시댁에서 어른들과 함께 살아 보니 힘든 점이 많다고 시집살이를 만류하였지만, 시댁에 살면서 첫아이를 낳았고 아이 키우는 재미에 하루하루 시간 가는 줄 모르고 행복하고 귀한 시간을 보냈다.

시부모님과 살면서 딸이 첫돌쯤 되었을 때 유치원 대체교사 자리가 생겼다. 출근하고 싶었지만 어른들이 허락하지 않았다.

"지 새끼 지가 키워야지, 우리는 못 봐 준다."

하늘의 천사가 바빠서 천사 대신
어머니를 이 땅에 보냈다고 한다.
'자식이 자라면서 부모에게 보여준 재롱만으로
효도를 다하는 것'이라는 말이 있다.
그 말의 의미가 무엇인지 자식을 키워본 사람은 안다.

남편 월급도 적을뿐더러 하루 종일 시어머니와 며느리가 전업주부로 지낼 필요성도 느끼지 못했다. 시간이 무척 아깝게 느껴졌다. 하는 수 없이 시어른들을 설득해 딸아이 첫돌을 지나고 집에서 초등학생 과외를 시작했다.

결혼할 때 남편은 창원 중소기업에 근무했는데, 부산에서 창원으로 출퇴근을 했다. 중소기업에 근무한 지 3년째 접어들 무렵, 남편은 울산 H중공업 경력사원으로 입사를 하게 되었다. 남들이 부러워하는 대기업에 입사하였지만 회사 기숙사에서 혼자 생활을 해야만 했다.

"조금만 더 이따 분가시켜주마."

시부모님이 이렇게 말씀은 하시면서 차일피일 아들의 분가를 미루었다. 나는 더 이상 남편의 힘든 생활을 지켜볼 수가 없어서 용기 내서 말씀을 드렸다.

"아버님, 저희들 울산으로 분가하도록 허락만 해주세요. 저희들 힘으로 시작해 보겠습니다."

아버님은 못 이기는 척, 우리의 분가를 허락해주었다. 결국 우리 부부는 딸아이가 네 살 되던 해인 1993년 5월 1일 울산으로 이사를 왔다. 시부모님과 3년 2개월을 함께한 시간을 뒤로하고서. 그런데 나중에야 분가가 늦어진 이유를 알게 되었다. 아버님은 장남에게 방 한 칸 얻어서 울산으로 분가시켜줄 수 있는 경제력이 없었던 것이다.

나는 과외하면서 저축한 돈과 남편의 중소기업 퇴직금을 합해서 단독 주택 2층에 문 하나를 사이에 두고 방 두 칸이 붙어있는 전세를 얻었다.

새 터전은 온화한 보금자리가 아니었다. 화장실은 바닥에 배수구가 없어 물청소를 할 수가 없었다. 걸레로 화장실 바닥을 닦아내는, 불편하고 찝찝한 청소를 해야 했다. 욕실은 옥상 계단 밑에 위치해 있었는데, 벽에 묻어 있는 연탄자국에서 연탄창고로 사용하던 공간이었음을 알 수 있었다. 수도꼭지만 달려 있을 뿐, 타일도 붙이지 않은 시멘트 바닥 그대로였다. 부엌은 너무 좁아서 싱크대와 조리대가 아주 소형이었다. 한 사람이 서서 조리하기에도 좁았다. 국이나 반찬을 만들려면 부엌 바닥에 쪼그리고 앉아 재료를 준비해야 했다.

무엇 하나 제대로 갖추어지지 않은 불편하고 허름한 집이었지만 처음 마련한 우리 가족만의 보금자리였기에 매순간이 즐거웠다. 눈만 마주쳐도 서로 기쁜 미소를 지었다. 남편과 나는 비로소 어른이 되었다. 우리만의 공간에서 수지 엄마가 되고 수지 아빠가 되었다.

친정에서는 할머니, 부모님, 올케언니, 오빠, 동생, 조카, 나, 여덟 명이 살았었고, 시댁에서는 시부모님, 시동생, 우리 부부, 딸, 여섯 명이 살았다. 이사 와서 세 명이 가정을 이루어 내 생각, 내 의지대로 살게 되었다. 편안한 자유와 행복감은 말로 표현할 수가 없었다. 한 끼 설거지를 미루어도, 청소를 안 해도, 방이 좀 지저분해도 괜찮았다. 라면으로 한 끼를 먹든, 국수를 먹든, 자장면을 사먹든, 모든 것들이 자유로웠다. 어른으로 자유를 찾은 기분이었다.

집 근처에는 재래시장이 있었다. 서너 시쯤 딸을 데리고 시장에

갔다. 딸에게는 모든 것이 처음 보는 물건들이었기에 아장아장 걷는 딸아이의 눈에는 신비로움이 가득했다. 갖가지 채소들, 맛있는 과일들, 생선가게, 식육점, 어묵가게, 옷가게, 신발가게, 떡가게 등등 모두가 신세계였다.

"엄마, 이건 뭐야? 저건 뭐야?"

시장은 딸아이의 체험 학습장이 되었다. 체험을 할수록 예쁜 두 눈이 더욱 커져갔다. 새로운 단어를 익히고, 맛있는 것을 사먹고, 산책도 하고, 저녁 반찬거리를 사다 보면 남편의 퇴근을 기다리는 시간도 금방 지나갔다. 시장 나들이는 딸과의 신나는 데이트 시간이었다.

"새댁, 이것 좀 사소! 이것 좀 사소!"

할머니들이 집에서 직접 기른 채소를 가지고 나와서 시장 길목에 앉아서 팔고 있었다. '새댁'이라는 말은 '선생님'이라는 호칭이 익숙했던 나에게는 무척 정겹게 들렸다. 친정집 우리 할머니 생각이 나서 할머니들이 파는 채소에 따라 저녁 메뉴가 정해졌다. 우리 할머니도 직접 농사지은 깻잎을 따서 예쁘게 묶어 동네시장에 내다 팔아서는, 당신이 번 돈을 몇 번이고 세어보면서 속바지 주머니에 넣어두었던 생각이 났다.

시장을 지날 때마다 코를 찌르는 고소한 짜장 야채 볶는 냄새에 딸은 2층 중국집으로 내 손을 잡아끌곤 했다. 이사를 간 처음 몇 개월은 짜장면 보통 한 그릇을 시켜서 둘이 나누어 먹었다. 서너 달이 지나자 딸의 먹는 양이 점점 많아져서 짜장 곱빼기를 시켜야만 둘이 나누어 먹을 수가 있었다. 그때 먹었던 구수한 그 짜장면 맛은 지금 어디에서도 느낄 수 없는, 딸과의 추억 맛이다.


　딸이 점점 어휘력도 높아지고 키도 커갈수록 둘째를 낳을 준비를 해야겠다는 생각이 들었다. 둘째는 꼭 아들을 낳고 싶었다. "아빠들은 아들과 함께 목욕탕에 가는 것이 소망이다."라는 말을 들은 적이 있었다. 남편이 아들과 목욕을 갈 수 있는 아빠가 되게 해주고 싶었다. 또한 남편이 장남이니까 아들을 낳아서 시댁의 대를 이어주고 싶었다.

　'아들딸 가려 낳는 법'에 관한 책을 두 권 샀다. 꼼꼼하게 정독하여 남편과 내가 실천해야 할 사항을 메모해서 가장 잘 보이는 방문 옆에 붙여놓았다. 들락날락하면서 메모를 읽고 암기했다. 하나씩 실천하고 노력한 결과 애타게 기다리던 아들을 낳았다.

　시어른들은 아들딸 상관없이 건강한 아이를 낳으면 된다고 평소에 말씀하셨는데, 그래도 아들을 보아서 기쁜 모양이었다. 분만실 앞에서 둘째의 출산을 기다리던 시어머니가 아들을 낳았다는 간호사의 말에 눈물을 흘리며 기뻐했다고 친정어머니에게 전해 들었다. 아들을 낳아 장남 며느리로서의 의무를 다했다는 생각에 뿌듯한 마음이 들었다.

　출산 후 퇴원해서 2주 동안 친정에서 지냈다. 친정아버지는 뒷산에 가서 약수를 길어 오고 어머니는 그 물을 따뜻하게 데워서 신생아를 목욕시켜 주었다. 손자를 위해서 수돗물이 아닌 약수로 목욕을 시켜주고 싶었던 외할머니의 특별한 사랑 표현이었던 것이다. 친정에는 조카 둘이 딸이어서 외손자가 처음이었고, 시댁에서는 친손자가 처음이었다. 그래서 아들은 외가와 친가 온 가족의 사랑을 듬뿍 받으면서 자랐다. 세 살 터울인 누나의 사랑까지 듬뿍 받았다.

아들은 누나에 비하여 언어 표현이 늦어서 걱정을 많이 했었다. 그러다가 24개월이 지나자 조사, 형용사까지 쓰면서 말을 예쁘게 해서 어른들을 놀라게 했다. 그 후엔 말 한마디도 예쁘게 시적인 표현을 잘해서 어른들의 사랑을 많이 받았다. 사랑 표현도 늘었다. 아침에 일어나면 엄마 이불 속으로 쏙 들어와 뽀뽀하고 안아주고, 누나보다 더 적극적이었다. 아들은 일하는 엄마가 더욱 열심히 살아가도록 행복한 에너지를 안겨 주었다.

아들이 여섯 살 때 마트에 장을 보러 갔다. 그런데 이 꼬마 녀석이 갖고 싶은 게임기가 있었나 보다.

"엄마, 어린이는 게임기 사면 안 되죠? 게임하는 것은 나쁜 거지요?"

"그래, 우리 건우는 정말 착하구나."

게임기가 갖고 싶어서 하는 말이라는 것을 알았지만 애써 모른 척하며 아들을 칭찬해 주었다.

그 후 세 번째로 마트에 갔을 때 아들이 또 말했다.

"엄마, 내가 모아둔 용돈으로 게임기 사면 안 될까요? 게임기를 꼭 갖고 싶어요."

우리 부부는 게임기를 사고 싶은 마음을 몇 달이나 참았던 아들의 요구를 못 이기는 척 들어주었다. 그리고 하루에 두 시간씩만 게임을 해야 한다고 약속했다.

마트에 가면 장난감이나 원하는 것을 사달라고 울고불고 고집을 부리는 아이들을 종종 본다. 건우는 떼를 쓰지 않고 모아둔 용돈을 핑계 삼아 우리를 설득시켜서 갖고 싶었던 게임기를 사게 된 것이다.

두 아이의 엄마로 살면서 행복한 미소를 짓게 만드는 이야기는 무척 많다. 세 살 터울의 딸, 아들이 태어나서 초등학교 시절까지 가장 많이 웃고 가장 행복했다. '자식이 자라면서 부모에게 보여준 재롱만으로 효도를 다하는 것'이라는 말이 있다. 그 말의 의미가 무엇인지 자식을 키워본 사람은 안다.

하늘의 천사가 바빠서 천사 대신 어머니를 이 땅에 보냈다고 한다. 아이들이 벌써 스물여덟, 스물다섯 살이 되었다. 지금도 아이들에게서 전화가 오면 행복한 목소리로 얼른 전화를 받는다. 두 아이의 엄마 천사로 지내고 있는 시간들은 세상 무엇과도 바꿀 수 없는 가장 귀한 시간이다.

8

# 엄마의 소중한 선물

친정엄마는 신장암으로 한쪽 신장을 제거하는 수술을 받았다. 어느 정도 회복이 되어 일상생활이 가능해지자마자 근무하던 S병원 간병인으로 곧바로 출근을 했다. 생활비를 직접 벌기 위해서였다. 자식들에게 미안한 마음에 십 원이라도 경제적 부담을 주지 않으려고 애썼다. 엄마가 신장암이 걸리게 된 원인은 급격한 스트레스로 인한 마음의 병 때문이었다.

아버지가 퇴직하고 난 후 음식 솜씨가 좋은 엄마는 아버지와 함께 작은 식당을 운영했다. 그러다 아버지를 병환으로 하늘나라로 떠나보내고 엄마 혼자 식당을 운영하며 지냈다. 어느 날 엄마는 새 친구가 생겼다며 전화로 무척 자랑을 했다. 나이가 같아서 갑장이라 부른다며, 매일 그 친구가 찾아와서 하루하루를 즐겁게 지내고 있다고 했다.

무엇이든지 퍼 주길 좋아하는 엄마의 성격을 잘 알기에 나는 밥만 먹는 친구로 지내고 그 이상으로는 너무 친해지지 말라고 당부했다. 그리고 몇 개월이 지나서 엄마는 나에게 급하게 돈을 빌려달라고 했다. 친구라는 그 아주머니가 며칠만 쓰고 준다며 2층 전세금을 빌려갔는데 전세금 줄 기간이 다 되어도 주지를 않는다고 했다. 엄마는 갑장 친구한테 받는 대로 주겠다며 3천만 원을 빌려 달라고 했다. 나는 그 많은 돈을 빌려줄 형편이 되지 못했다. 결국 그 갑장 아주머니는 엄마에게 카드를 만들게 했고 엄마 카드로 돈을 빌려서 전세금을 내어주도록 했다.

　엄마가 돈을 빌려주게 된 경위는 전형적인 사기수법에 해당했다. 갑장 아주머니는 처음에는 적은 금액을 빌렸다가 후한 선이자를 주면서 엄마의 환심을 샀던 것이다. 점점 빌려가는 금액이 커지다가 나중에는 엄마가 전세금 받은 것을 알고 빌려가서 갚지를 않은 것이다. 작정하고 덤벼든 사기꾼 아주머니를 엄마는 친구로 착각한 것이다. 결국 아버지와 살던 2층 작은 주택을 팔아야 했고, 하루아침에 빈털터리가 된 엄마는 단칸방으로 이사했다.

　늘 부지런하고 성실했던 엄마는 집을 다 잃었지만 무엇이든 닥치는 대로 일하면 거뜬히 일어서서 새 출발을 할 수 있을 줄 알고 자신만만해 했다. 이 일 저 일을 하며 돈을 벌려고 애쓰던 엄마는 육십이 넘은 나이에 남의 집 막일도 했다. 하지만 마음과는 달리 몸이 말을 듣지 않아 힘들어했다. 오뚝이처럼 금방 일어선다는 것이 생각처럼 쉽지 않다는 것을 집 한 채를 잃고 난 후에야 깨닫게 된 것이다.

스트레스와 우울증이 급성 신장암을 일으켰다. 엄마는 한쪽 신장을 잘라내고 하나의 신장만으로 생활해야 했다. 그런데도 수술 후 회복되자마자 이를 악물고 간병인으로 근무했다. 그러다 몇 년 후 폐암까지 앓게 되었고, 일 년 정도 지나서는 급기야 뇌까지 전이되었다.

엄마는 거주지인 마산 S병원에서 항암 치료를 계속 받았고, 나는 주말을 이용해서 병문안을 갔다. 손아래 올케가 둘 있었지만 시어머니가 아프다는 이유로 짐이 되게 하고 싶지 않았다. 아니, 아픈 엄마가 행여나 며느리 눈치 받을까 봐 혼자 병문안을 다녔다는 것이 더 솔직한 표현이다.

병원에 입원한 엄마를 혼자서 자주 들여다보고 딸자식 노릇한다는 것은 쉽지가 않았다. 일하는 딸이 때로는 시간을 낼 수 있는 상황이 어려울 때도 있었다. 혼자서 아픈 엄마 신경 쓰느라 힘들 때에는 '딸이 한 명만 더 있었더라면 참 좋겠다.'라는 생각까지 했다.

마산에서 몇 차례 항암 주사를 맞고 난 후 뇌종양 방사선 치료를 받기 위하여 울산으로 엄마를 모시고 왔다. 시어머니도 혼자 살고 있었기에 큰며느리로서 남편의 눈치가 보였다. 남편에게 방사선 치료를 받으러 다니는 동안만이라도 엄마를 우리 집에서 모시고 싶다고 조심스레 말을 꺼냈다. 남편은 흔쾌히 어머니를 모시고 와서 함께 지내는 것을 허락했다.

아침밥을 차려서 엄마와 같이 먹고 출근하고, 어린이집에서 근무하다가 점심시간이 되면 집으로 와서 점심밥을 차리고, 퇴근해서 저녁을 차렸다. 식사 후 약을 드셔야 했기에 세끼를 꼬박꼬박 챙겨야 했다. 엄마는 방사선 치료를 받는 시간이 길어질수록 숟가락을 드는 손이 약간씩 떨려왔다. 하지만 엄마는 식후 약을 드시기 위해 딸이 차려주는 밥을 손을 떨면서도 억지로 다 먹었다. 그런 엄마의 모습이 안쓰럽다가도 때로는 미운 마음이 들기도 했다. 엄마는 딸의 정성을 생각해서라도 밥을 다 먹으려고 애썼는데, 그 모습이 왜 미워 보였는지 지금 생각해도 나 자신이 용서가 안 된다.

2011년은 막내가 고 3이었고, 어린이집에서는 처음으로 평가인증을 준비하는 해였다. 평가인증이 처음이다 보니 모든 것이 서툴고 준비할 것들이 너무 많았다. 직장인, 고3 엄마, 아픈 어머니의 딸 노릇까지, 몸도 마음도 지치고 힘들어서 피로의 연속이었다. 몇 달을 그렇게 지내다가 방사선 치료가 끝난 후 엄마를 마산 엄마 집으로 모셨다.

"엄마! 평가인증 준비로 너무 바쁘니까 준비할 동안만 엄마 집에 계세요. 10월에 평가 마치는 대로 모시러 올게요."

엄마가 식사를 했는지 걱정이 되어 아침, 저녁으로 전화를 했다. 엄마는 늘 금방 먹었다고 대답했다. 딸이 바쁘고 힘들어서 집으로 돌려보낸 걸 잘 알기에 딸이 걱정할까 봐 금방 먹었다고 말했던 것이다.

"엄마가 혼자 밥 차려먹을 기운이 없네."

이렇게 솔직히 말했더라면, 가까운 요양병원에 입원을 하든지 집으로 요양보호사를 보내든지 했을 텐데……. 못난 딸은 엄마의 말을 그대로 믿고 평가준비에만 매달려 매일 밤늦도록 일을 했다.

며칠 후 엄마가 전화를 받지 않았다. 불길한 예감에 옆집 가게 할아버지에게 부탁을 해서 엄마 집에 가보라고 했더니 엄마는 거의 실신 상태였다. 구급차를 불러서 병원에 간 엄마는 응급실에서 하루를 보낸 뒤 중환자실로 옮겨졌다. 그리고 며칠 후 아버지가 있는 하늘나라로 떠났다.

장례를 마치고 오자마자 다시 평가인증을 준비하느라 엄마를 잃은 슬픔이 내 마음에 머물 여유가 없었다. 평가인증을 마친 날 저녁이 되어서야 그동안 잊고 있었던 엄마 생각이 났다. 엄마가 내 곁에 안 계신다는 사실을 깨닫고 엄마를 부르며 밤새 펑펑 울었다.

평가인증은 마쳤는데, 모셔 와야 할 엄마는 곁에 없었다. 나의 일이 먼저였기에 엄마를 혼자 있게 한 내 잘못이었다. 혼자 식사를 챙겨먹지 못한 엄마는 영양실조까지 겹쳐 우리 곁을 떠나게 되었다. 딸의 욕심과 무지가 엄마를 일찍 떠나보낸 것이다.

함께 지내는 동안 집에서 목욕을 시켜드리면 "감사합니다. 수고하셨습니다."라고 딸에게 정중하게 고마움을 표현하던 엄마!

맏며느리로 시집 간 딸 집에 오고 싶어도 친정식구 드나든다고 시어머니 눈치 줄까 봐 마음 편히 놀러온 적 없는 엄마!

평일에 시아버지 제사가 있는 날이면, 일하는 딸 제사 준비까지 하는 것이 안쓰러워 버스를 타고 울산 집으로 와서는 제사 음식 다 해놓고 시댁 식구 오기 전에 서둘러 버스를 타고 마산으로 간 엄마!

국문학 공부 다시 하고 싶으면 지금이라도 복학해서 하고 싶었던 공부하라던 진정한 내 편이었던 엄마!

이 세상에 나를 태어나게 해준 내 어머니. 언제나 딸의 편이었고, 세상에서 당신 딸이 가장 예쁘고 똑똑하고 지혜롭다고 자랑스러워하던 내 어머니!

결혼 후에 엄마랑 가장 오랫동안 함께 지낸 시간은 폐암이 뇌로 전이되어 울산대학교병원에서 방사선 통원치료 받느라 딸 집에 와 있던 시간이었다. 아프면 아프다고, 힘들면 힘들다고, 엄살 한 번 투정 한번 부리지 않았다. 많이 아프고 힘들었을 텐데도 딸자식 걱정할까봐 한 번도 아픈 내색을 보인 적이 없었다. 엄마는 몸이 마음대로 움직이지 않자 이 말만 했을 뿐이다.

"내가 와 이렇노? 와 이렇노?"

떠나보낼 준비도 없이 이별을 해버렸다. 치료 받는 동안 우리 집에 와서 함께 보낸 그 시간은 엄마가 나에게 준 소중한 선물이다. 아버지 곁으로 가기 전에 딸과 함께 보낸 보석 같은 시간이 나에게는 가장 귀한 보물이다. 나만이 간직하고 있는 내 기억의 보석함에는 어머니와 함께 보낸 시간이 추억으로 곱게 보관되어 있다.


우리는 매일 누군가와 함께 보내는 시간이 소중하다는 것을 모르고 살아간다. 그 시간이 지나고 나서야 귀하고 소중했다는 것을 깨닫기도 하고 아쉬워하기도 하고 후회도 한다.

엄마는 아이와 함께하는 시간이 헛되이 지나가지 않도록 최선을 다해야 한다. 아이를 어린이집에 보낸 뒤에는 충분히 휴식을 취하거나 자기개발에 힘쓰고, 아이가 집으로 돌아온 뒤에는 모든 정성을 쏟아 아이와 함께 있는 시간을 갖도록 해야 한다.

아이를 곁에 두고 자기 시간만 보내는 어리석은 엄마가 되지 않기를 당부한다. 매순간, 모든 순간 아이의 엄마로서 최선을 다하는 현명한 부모가 되기를 당부한다.

**9**

이 세상 엄마들을 위한 기도

　대학병원 유방외과에 일 년에 한 번 정기검진을 가는 날이다. 대학병원은 초음파실에서 먼저 검사를 하고 담당의사와의 상담일은 따로 예약을 해야 하는 것이 번거롭다. 오랫동안 대학병원에서 정기검진을 받다가 이런 불편함 때문에 몇 년간은 하루 만에 모든 검사를 하고 결과를 바로 볼 수 있는 유방외과 전문 개인병원에서 검진을 받았었다.

　지인이 추천해준 그 병원의 의사는 무척 특이했다.

　"아주머니, 이 나이에 치밀 유방이 웬 말이에요? 죽도록 살을 빼야 합니다."

　내가 잘못해서 치밀 유방을 가지고 태어난 것처럼, 진료를 받으러 갈 때마다 의사는 짜증 섞인 목소리로 야단을 쳤다. 진료 받는 날은 의사에게 꾸중을 들으러 가는 날이었다. 환자가 불안해하지 않도록 자상하게 말해주는 의사였으면 좋겠다는 생각을 늘 했다. 검사 결과 가슴에 작은 혹이 몇 개 있었다. 더 커지지 않도록 잘 관리하고 규칙적으로 검진을 받아야 한다고 했다.

3개월마다 정기적으로 검진을 와야 한다는 의사 말에 꼬박꼬박 예약한 날짜에 맞추어 병원에 갔다. 검진을 갈 때마다 환자에게 기분 나쁘게 대하는 의사의 태도와 말투는 변하지 않았다. 이렇게 불편한 병원을 그만 와야겠다는 생각이 들었다. 그날도 복도 의자에 앉아 진료대기를 하고 있는데 진료실 안에서 간호사에게 호통치는 의사 목소리가 들렸다. 내용을 들으니 간호사가 큰 실수나 잘못을 한 것은 아니었다. 업무지시를 하는 상황이었다. 의사는 환자뿐만 아니라 간호사들에게도 말투가 그랬던 것이다. 직원들이 어떻게 이런 곳에서 근무하는지 측은한 마음이 들었다.

혹 실수를 해서 야단칠 일이 있다 하더라도 환자들에게 들리지 않게 작은 목소리로 말하거나 업무를 마치고 쉬는 시간에 불러서 이야기하는 것이 서로 간의 예의일 것이다. 나는 더 이상 그 의사에게 나의 건강을 맡기고 싶지가 않았다. 그날 진료를 끝으로 그 의사의 기분 나쁜 꾸지람은 듣지 않게 되었다.

3개월이 지난 후 여자 전문의가 운영하는 개인병원으로 옮겨서 진료를 받았다. 초음파 검사를 하더니 오늘 맘모톰 수술을 하자고 권유했다. 맘모톰 수술이란 유방에 있는 양성종양을 제거하는 수술이다. 첫 진료를 하는 날 다짜고짜 수술을 하자는 의사의 말에 "오늘은 수술하기가 힘들고 다시 수술 날짜를 잡아서 오겠습니다."라고 말하고 병원을 나왔다.

걱정되는 마음에 다시 대학병원에 예약을 해서 재검사를 받았다. 대학병원에서는 수술을 해야 한다는 말은 없었다. 맘모톰이 있기는 하지만 더 이상 크지 않으면 괜찮으니 매년 정기검사를 받아야 한다고 했다. 대학병원에서 개인병원으로, 다시 대학병원으로 병원을 옮긴 것이다.


삼십대 후반에 처음 유방암 정기 검진을 받았을 때의 일이다. 대학병원에서 가슴에 맘모톰이 있다는 이야기를 들었을 때 너무 큰 충격이었다. 태연한 척 진료실을 나왔지만 다리 힘이 풀려 의자에도 앉지 못하고 땅바닥에 주저앉고 말았다.

그때의 상식으로는 멍울이 커지면 암세포가 되는 줄 알았다.

'이제 어떻게 살아야 하나?'

막막함이 공포로 다가왔다. 하지만 눈물은 나지 않았다. 머릿속이 온통 두 아이 생각으로 가득 찼다. 이 세상을 떠나는 날까지, 오직 두 아이를 위해 최대한 열심히 돈을 벌어서 엄마가 없어도 잘 살아갈 수 있도록 넉넉한 재산을 물려주고 떠나는 엄마가 되어야 한다는 생각뿐이었다.

그날 이후 불안감에 휩싸여 정상적인 생활을 할 수가 없었다. 가슴부터 팔까지 통증이 느껴졌다. 며칠 후 다시 의사를 만나 조직검사를 의뢰했다. 아직 크기가 작아서 조직검사를 할 정도는 아닌데 환자가 아프다고 하니, 할 수 없이 조직검사를 해 보자고 했다.

대학병원 초음파실 스케줄에 맞추다 보니 두 달 후에 조직검사일이 잡혔다. 남편에게는 그동안 병원 다녀온 일을 숨기고 있었다. 조직검사를 받으러 가기 며칠 전, 할 수 없이 자초지종을 이야기하고 함께 병원에 가자고 부탁했다. 남편은 두 아이도 데리고 가야 한다고 고집을 부렸다. 결국 네 식구가 병원을 함께 가게 되었다. 초음파실 의사는 몇 번이고 검사를 해 보더니, 멍울이 초음파에 나타나지 않는다고 했다. 무서운 조직검사를 할 필요가 없었다.

병원에서 돌아오는 길에 우리 가족은 가까운 일식당에 가서 비싼 점심을 먹었다. 남편과 아이들은 내가 무탈함을 축하해주었다. 다시는 아프지 말라며 케이크를 사서 초를 꽂고 함께 촛불을 불어주었다. 온 가족이 너무 깔깔대며 식사를 하였기에 음식을 나르던 종업원이 "기쁜 일이 있으신가 봐요?"라고 물어볼 정도였다. 기쁜 일을 맞은 우리는 웃고 또 웃으며 즐겁게 식사를 했다.

처음 검사결과를 들었을 때 아이들 생각밖에 나지 않았다는 이야기는 남편이 들으면 서운할까봐 말하지 않았다. 위급한 상황이 닥치면 남편보다 아이들 생각만 하게 되는 엄마의 마음을 들키고 싶지 않아서 아직까지 그때의 내 마음을 남편에게 숨기고 있다.


오늘은 대학병원 유방외과에서 일 년에 한번 정기검진을 하는 날이다. 초음파실에서 검사를 마치고 탈의실에서 옷을 갈아입는데, 나보다 서너 살이 많아 보이는 아주머니가 들어오더니 뒤에서 잠그는 가슴속옷 후크를 좀 채워달라고 부탁했다. "네." 하고 대답한 뒤 후

크를 잠그면서 보니 가슴에 빨간 수술자국이 선명했다. 머리에는 가발을 쓰고 있었다. 순간 '얼마나 아팠을까? 얼마나 고생했을까?' 하는 생각이 들었다. 모르는 아주머니의 힘들었던 시간들이 고스란히 나에게 전달되어 마음이 아팠다.

"내가 직장 생활 할 때는 안 아팠는데 직장 일을 그만 두고 나니 그만 유방암이 오더군요."

"아니에요. 그런 건 아닐 겁니다. 쉬셔서 암이 생기지는 않았을 겁니다. 그동안 바쁘게 지내시느라 몰랐던 거겠지요. 요즘은 의료기술이 아주 많이 발달해서 잘 완치될 테니, 걱정하지 마세요, 금방 좋아질 거예요."

짧은 시간이었지만 마치 오랫동안 옆집에 살았던 이웃을 만난 것처럼 이야기를 나누고 위로의 말을 건넸다. 그 아주머니가 깨끗이 완치되기를 기도한다. 그리고 내가 건강하게 살아가고 있음에 감사 기도를 한다.


얼마 전 3세 반 어머니가 갑상선암 수술을 받았다. 어머니는 아이들 걱정에 어디에서 수술을 받아야 할지를 걱정하다가 서울에서 수술을 받았다. 이 세상 어머니는 아파도 자식 걱정이다. 자식을 세상에 태어나게 한 엄마로서 책임을 다하는 것이다. 엄마는 아이가 아프면 밤새 간호를 하고, 편하게 잠들 수 있도록 업어주고 안아주고 최선을 다한다.

어린이집에서도 아이가 아프면, 나는 아이 엄마가 올 때까지 내

등을 빌려준다. 나도 엄마이기 때문이다. 담임선생님은 다른 아이들을 돌보아야 하기에 나의 작은 보탬이 선생님에게 큰 힘이 된다. 포대기로 어부바를 하면 아이는 편안히 업힌 채 쉬거나 잠이 든다.

갑상선암 수술을 받은 어머니가 방사선 치료를 받을 때에는 친할머니가 아이를 맡아서 돌봐주시기로 했다. 어머니가 병원에 가지 않을 때에는 친정에서 친정어머니의 간호를 받기로 했다. 친정어머니가 있어서 참 다행이다. 친정어머니 옆에서 편하게 쉬면 금방 완치될 것이다. 아이도 어머니도 아플 때에는 엄마 곁이 최고의 병원이다.

나는 기도할 줄 모른다. 하지만 내 주위의 아픈 분들을 위해서 무조건 기도한다. 수술 잘 받고 얼른 완쾌되기를 기도한다. 암세포들이 더 번지지 않기를 정성을 다해 기도한다. 성희 원장님, 성동 원장님, 사랑하는 근영이, 존경하는 작가님, 세민이 어머니, 지윤이 어머니를 위해서 기도한다. 감기처럼 얼른 나아서 일상생활이 힘들지 않기를 기도한다.

이 세상 모든 사람들이 아프지 않고 건강하게 살 수 있으면 좋겠다.

제4장

# 아이들의 삶과
# 선생님의 삶

# 1

## 한 달을 더 버티고 이룬 꿈

사랑하는 딸 수지의 대학교 졸업식 날이었다. 식이 끝나고 사람들이 하나둘 졸업식장을 나가는데도 멍하니 자리에 앉아 있었다. 딸이 음악대학 성악과에 입학하게 된 지난 시간들이 떠올라 눈시울이 붉어졌다. 혹 누가 볼까봐 고개를 숙이고 손에 든 졸업식순을 보는 척 시선을 떨어뜨렸다.

그때 딸은 고등학교 2학년이었다.

"엄마! 나 오늘 학교에서 노래 불렀는데, 친구들이 나 노래 너무 잘 부른대."

"어디서 노래를 불렀는데?"

"자습 시간에 우리 교실에서."

"특별활동 시간에 음악반 하고 싶었는데, 학교에서 반별로 나누어서 미술반, 음악반을 정해 주었어. 나는 미술반이야. 그런데 오늘 음악실에서 내가 아는 노래가 들려오잖아! 그래서 우리 반 애들한테 '저 노래 나도 부를 수 있다!'라고 했더니 친구들이 불러보라고 해서 불렀어. 우리 반 애들이 나 정말 노래 잘 부른대."

그동안 수지는 성악공부를 하고 싶다고 무척 졸라댔었다. 딸아이의 간절했던 마음을 이제서야 깨닫게 되었다. 못들은 척 딸의 마음을 외면했던 미안함에 가슴이 미어지게 아파왔다. 나도 모르게 눈물이 고여 시야가 흐려졌다.

'저토록 노래를 부르고 싶었구나! 그런 마음을 외면하다니, 나는 엄마 자격이 없네.'

눈물 젖은 표정을 감추고 물었다.

"수지야, 지금도 성악공부 하고 싶어?"

"응, 엄마."

나는 스스로에게 물었다.

'엄마로서 딸이 무엇을 좋아하는지, 무엇을 할 때 가장 행복해 하는지 깊이 생각해 보긴 했을까?'

음악대학에 입학하려면 어떻게 준비를 해야 하는지 잘 몰랐었다. 우리 집 형편으로는 음악대학 입시 준비가 불가능하다고 생각했었다. 엄마가 정한 기준대로 교육 관련 학과를 졸업해서 공교육 기관의 교사가 되기를 은근히 강요하고 있었다. 엄마가 못 이룬 꿈을 딸이 대신 이루어주길 바라는 마음이 있었던 것도 사실이다.

딸은 초등학교 4학년 때 학교 대표로 'KBS 어린이동요대회'에 다녀온 후부터 성악공부를 하고 싶다고 했다. 대회 준비를 할 때 잠시 노래 지도를 해준 성악가 선생님의 영향을 받은 것이다. 한동안 선생님에 대한 이야기를 하도 많이 해서 선생님 집을 직접 가보지 않았는데도 집안 분위기와 가족들의 특징을 거의 알 수 있을 정도였다. 딸은 중학교를 졸업하고 고등학생이 되어서도 줄곧 성악을 전공하고 싶다고 얘기했지만, 나는 딸의 말에 귀 기울이지 않고 깊이 생각하지도 않았다.

자습 시간의 일이 있고 난 후 딸은 바로 성악공부를 시작했다. 지인으로부터 서울에서 성악입시를 지도하는 선생님을 소개받았다. 딸은 울산에서 서울까지 토요일마다 혼자서 고속버스를 타고 개인지도를 받으러 다녔다. 그때는 울산·서울 간 KTX가 없었다. 하루에 10시간이 넘도록 고속버스를 타고 지하철을 타고 다녀오는데도 힘들다는 불평 한 번 하지 않았다. 좋아하는 노래공부를 하는 동안 다른 교과목도 더 열심히 공부했다.

고 2때 시작한 음악공부라 성악과에 입학하기 위해서는 더 많은 시간과 노력이 필요했다. 실력을 더 향상시키기 위해서 주말이 아닌 평일에도 개인지도를 받아야 했기에 겨울이 시작될 때 서울로 전학을 갔다. 혼자 하숙을 하며 성악공부를 했다.

그러던 어느 날, 딸은 엄마가 보고 싶다고 펑펑 울면서 성악공부 안 해도 되니까 다시 울산으로 전학시켜 달라고 했다.

"그래, 알았어. 전학시켜줄게. 금방 다시 오는 것은 좀 부끄러우니 한 달만 지내다 울산으로 오자."

성악공부를 하고 싶어서 전학을 갔지만 새 친구, 새 학교에 적응

누구나 자기가 하고 싶은 것을 하면
열정적으로 도전하게 된다.
아이들은 자기가 좋아하는 것을 해야 행복하다.
아이가 가진 기질과 성향에 따라 아이가 하고 싶어 하는 것,
가고 싶어 하는 길을 열어주는 부모가 되었으면 한다.

도 해야 하고, 공부와 성악연습까지 해야 했으니 혼자서 버티기가 힘이 들었던 것이다.

나도 어린이집에 출근을 해야 했기에 격주로 서울로 올라갔다. 딸과 같이 밥 먹고 하루를 지내고 월요일 등교를 시켜놓고 울산으로 출근을 했다.

딸은 울산으로 다시 전학 오기 위해 한 달을 기다리면서도 성악공부와 입시준비를 열심히 했다. 그런데 약속한 한 달이 지났지만 전학 시켜달라는 말을 다시 꺼내지 않았다. 이겨낸 것이다. 딸은 고된 노력의 결과로 희망하는 대학보다 더 좋은 대학의 성악과에 입학했다.

음악대학에 입학하고 실기 수업이 시작되자 전화기로 들려오는 딸의 목소리는 흥분 그 자체였다.

"엄마! 여기는 천국이에요! 모두 자기가 좋아하는 악기를 연주하고 자기가 좋아하는 노래를 부르고 너무너무 행복해요! 엄마! 제가 노래 부를 수 있게 해 주셔서 감사합니다."

누구나 자기가 하고 싶은 것을 하면 열정적으로 도전하게 된다. 딸은 4년 동안 최선을 다해 열심히 노력했다. 음악 대학생들은 해마다 발표회를 한다. 기악과 학생들은 오케스트라 협연을, 성악과 학생들은 오페라 공연을 하는데, 딸은 2년 연속 여자 주인공 역할을 맡았다.

나는 발표회가 있을 때마다 어린이집 일정을 뒤로하고 꼭 참석하여 딸을 격려하고 기쁨을 함께 나누었다. 오페라 무대를 마치고 나면 딸은 이렇게 말했다.

"엄마, 나 경상도 말투 표시 안 나죠? 내가 말 안 하면 다른 사람들이 나 서울사람인 줄 알아요."

엄마 귀에는 오페라 주인공 대사에서 경상도 억양이 정확하게 들리는데, 딸은 전혀 그렇지 않다고 우겨댔다.


그렇게 서울사람까지 되어버린 딸이 오늘 졸업을 했다. 고등학교 2학년 때 엄마 곁을 떠나 대학 입학에서 졸업까지, 하고 싶은 공부를 굳건하게 해낸 딸이 고맙고 자랑스러웠다. 졸업은 학생으로서 마지막 날, 그래서 식장을 나가면 그동안의 수고와 추억들이 한꺼번에 사라질 것만 같아 나는 자리에서 일어나지 못했다. 모든 사람들이 졸업식장을 빠져나간 뒤 맨 마지막으로 의자에서 일어나 발길을 옮겼다.

부모는 부모의 생각과 바람대로 아이를 키우려고 한다. 부모가 정한 기준대로 아이를 키우면서 "다 너 잘되라고 하는 것이다."라고 말한다.

그것은 아이가 원하는 것이 아니다. 아이들은 자기가 좋아하는 것을 해야 행복하다. 아이가 가진 기질과 성향에 따라 아이가 하고 싶어 하는 것, 가고 싶어 하는 길을 열어주는 부모가 되었으면 한다.

'어떤 길을 열어 줄 것인가'

이것은 부모들이 꼭 기억해야 하는, 내 아이 잘 키우기의 비결이다.

2

선택, 어른이 되어가는 길

둘째 건우가 태어난 지 두 달쯤 되었을 때 첫째인 딸 수지를 미술학원 5세 반에 입학시켰다. 그때는 4세 반이 없던 시절이라 원장님에게 부탁을 해서 5세 언니 반으로 보냈다.

수지를 미술학원에 입학시키게 된 사연이 있다. 아기를 재워놓고 집안일을 시작하려고 하면 수지가 잠든 아기를 만지작거려서 동생을 자주 울렸다.

"수지야, 아기 깨우면 안 돼. 아기가 코 자야지 키도 크고, 누나라고 부를 수 있게 돼."

"응, 엄마. 알겠어."

그것도 잠시, 누나의 집적거림에 아기는 '으앙' 하고 울어댔다. 그럴 때마다 수지를 야단치게 되었다. 아기를 위해서 큰아이를 혼내다 보니 점점 나쁜 엄마가 되어가는 것 같았다. 넉넉하지 못한 살림에

학원비가 부담스러웠지만 구박하는 엄마가 되지 않기 위해서 미술학원에 보내게 되었다.

건우가 태어난 지 6개월이 지나자마자 나는 아이들을 가르치는 미술학원을 시작했다. 하루 24시간을 두 아이의 엄마로만 지내는 시간이 아까웠다. 남편 월급으로는 네 식구 살림이 힘들기도 했다. 1994년에는 아이를 키우는 엄마가 유치원 교사로 취직하기는 힘든 시기였고, 유치원 다음으로 미술학원에 유치부가 가장 많았다.

개원준비에 바빠서 수지의 미술학원 등하원 시간을 맞추기도 여의치 않았다. 운전면허증이 없어 개별 등하원을 시킬 처지도 아니어서 수지를 며칠 집에서 데리고 있게 되었다. 그러던 어느 날 저녁, 아이 방을 청소하다가 미술학원 가방에서 메론 막대 아이스크림 봉지를 발견했다.

"수지야, 이거 왜 가방에 들어 있어?"

"엄마! 미술학원 선생님 갖다 줄 거야."

다행히 막대 아이스크림 봉지는 터지지 않았고, 녹은 아이스크림은 봉지 안에서 찰랑거리고 있었다. 나는 수지를 꼭 끌어안았다.

"선생님 보고 싶어?"

"응, 선생님 보고 싶어."

"그랬구나! 엄마가 미안해."

수지는 미술학원을 왜 안 가는지도 모르고 개원 준비하느라 바쁜 엄마 곁에 있으면서 선생님을 그리워했던 것이다.

늦은 저녁시간이었지만 청소를 하다 말고 미술학원 원장 선생님에게 전화를 했다. 그리고 다음 날 아침 등원 차량에 수지를 태워 보냈다. 선생님과 친구들에게 줄 간식도 함께. 그날 이후 수지는 2월 졸업하는 날까지 하루도 결석하지 않고 미술학원에 갔다.

미술학원을 다니고 안 다니고는 엄마인 내가 결정해서는 안 된다. 아이가 어떤 이유로 가기 싫다고 하면 그 이유가 타당하다면 보내지 않는 것이고, 엄마가 아무리 바쁘더라도 아이가 가고 싶다면 제시간에 맞추어 보내야 하는 것이 아이를 존중하는 것이다. 나는 잠시 엉터리 엄마였다가 녹아서 찰랑거리는 메론 아이스크림에 정신이 번뜩 든 것이다.


건우가 초등학교에 막 입학했을 무렵이었다. 엄마 마음에는 아들을 씩씩하게, 남자답게 키우고 싶었다. 학교를 다녀온 오후 시간에 태권도 학원에 보냈다. 1년 정도 다니더니 건우가 그랬다.

"엄마! 태권도 학원은 왜 매일 똑같은 것만 가르치나요? 나는 매일 새로운 기술을 배우고 싶어요."

반복훈련의 중요성을 아무리 설득하고 이해시켜도 아이는 똑같은 수업이 싫다고 했다.

"그래, 그럼. 언제든지 다시 가고 싶으면 얘기해."

건우와 약속을 하고 태권도 배우는 것을 쉬게 했다. 건우는 군대를 제대하고 대학을 복학할 때까지 태권도를 다시 배우고 싶다는 말을 하지 않았다.

건우가 유치부 시절이었을 때 일주일에 한 번 방문하는 '○○○수학', 'ㅇㅇㅇ한글'이 유행이었다. 일하는 엄마라 아이들을 잘 챙기지 못하는 나는 조금이라도 건우의 학습 실력을 향상시키기 위해서 수학선생님의 방문 수업을 신청했다.

건우는 일주일에 한 번 선생님과 함께하는 10분 수업 외에 스스로 학습이 전혀 되지 않았다. 밀린 학습지가 차곡차곡 쌓여갈수록 나는 점점 잔소리를 해대는 나쁜 엄마가 되어갔다. 엄마와 아들은 쌓여가는 학습지 양만큼 사이가 멀어져 갔다. 고민 끝에 학습지를 그만두었다. 건우는 반복에 반복을 하는 학습지가 재미없고 싫다고 했다. 학습지를 그만두니 아들과 싸울 일이 없어졌다.

대신 1번부터 10번까지 난이도가 순서대로 있는 한글, 수학책을 사 주었다. 아들은 자다가도 일어나서 그 책을 펴놓고 공부했다.

"건우야, 자다가 일어나서 뭐해?"

"엄마! 4번 수학책 세 장만 하면 5번 책을 할 수가 있어요."

조금 뒤에는 이런 말이 들려왔다.

"엄마, 이제 다했어요. 맞는지 검사하고 5번 책 주세요."

건우는 다음 순서 책을 하기 위해서 시키지 않아도 혼자서 열심히 공부를 했다.

건우는 엄마 곁을 떠나 누나와 함께 지내면서 대학생활을 시작했다. 종교도 스스로 선택하고, 모든 결정은 스스로 했다. 내가 허용했다. 선택에는 책임이 따른다는 것을 자연스레 알게 해주기 위해서였다. 계획과는 다르게 착오가 생겨도 모두 자신이 감당해야 할 몫이다.

자신이 가고자 하는 길이 때로는 멀고 험하더라도 스스로 해보고 느끼고 깨달아야 한다. 아이는 부모의 소유물이 아닌 소중한 인격체이기 때문이다. 소중한 인격체인 내 아이들은 이렇게 어른이 되어가고 있다.

**3**

아이처럼 엄지 척!

대학원 가정복지론 수업 시간, 교수님이 질문했다.

"이 세상에 태어나서 당신이 가장 잘한 일은 무엇입니까?"

나는 씩씩하게 첫 번째로 대답했다.

"두 아이의 엄마가 된 일입니다."

두 아이의 엄마라는 사실이 열심히 살게 만들고 노력하는 엄마로 만든다. 나 자신을 위한 성장과 공부도 엄마라는 존재에 가치를 더하는 일이라고 생각한다.

워낙 아이를 좋아해서 두 아이를 키우는 것은 하나도 힘들지가 않았다. 오히려 입덧하는 것이 더 힘들었다. 첫아이 임신 판정을 받은 순간부터 출산하는 날까지 입덧이 너무 심해서 아무것도 먹지 못했고 앉아 있기조차 힘이 들어서 내내 잠만 잤다. 얼른 280일이 지나가기를 손꼽아 기다리며 힘겨워했던 시간이 기억에 생생하다.

아이를 낳아서 키워 보면 어른이 되고
아들을 낳아서 군대 보내 보면 더욱 어른이 되고,
부모님을 여의고 나면 비로소 철든 어른이 된다.
나는 이것을 삶에서 배우고 있는 중이다.

"배 속에 있을 때가 편하지, 아기 낳는 순간부터 고생이란다."

어른들은 이렇게 말했지만, 나는 반대로 아기가 배 속에 있을 때가 더 힘들었다. 아이를 낳아 키우는 일은 하나도 힘들지가 않았다. 매일매일 신비로움으로 가득한 다른 별을 여행하는 기분이었다.

아이를 키우면서 유쾌한 웃음을 알았고, 아이를 키우면서 사랑이 무엇인지를 배웠다. 아이가 예쁠수록 '내 어머니도 나를 이렇게 키우셨구나.' 하며 부모님을 생각하게 되었다. 나는 아이를 키우면서 진짜 어른이 되어갔다.

아이를 낳아서 키워 보면 어른이 되고 아들을 낳아서 군대 보내 보면 더욱 어른이 되고, 부모님을 여의고 나면 비로소 철든 어른이 된다. 나는 이것을 삶에서 배우고 있는 중이다.

결혼 후 두 아이를 낳고 다시 아이들 가르치는 일을 시작했을 때 많은 반성을 했다. 결혼 전 유치원에서 아이들과 함께한 시간들은 교사로서의 열정만 가득했을 뿐 엄마로서의 깊은 사랑이 부족했다는 사실을 깨달았다. 유치원에서 내가 가르친 아이들에게 미안한 마음이 들었다. 엄마가 되고 나서야 아이들을 향한 진정한 사랑이 무엇인지 알게 되었다. 모든 아이들은 신이 주신 축복이라는 사실도 알게 되었다.

올해 3세 아기 반에는 '엄지 척'이 유행이다. 유행시킨 주인공은 언어표현력이 빠르고, 노래를 좋아하고, 통통함이 매력인 연우다. 연우가 간식이 맛있거나 점심 반찬이 맛있을 때 '엄지 척'을 하면서

"최고! 최고!" 했는데, 어느덧 같은 반 친구들은 물론, 옆 반 친구들까지도 따라 하게 되었다.

친구가 장난감을 양보할 때, 친구가 고마울 때, 스스로 밥을 먹었을 때, 변기에 쉬를 했을 때, '엄지 척'은 큰 힘을 발휘했다. '엄지 척'은 친구들을 기분 좋게 하고, 더욱 예쁜 행동을 할 수 있는 긍정적 행동의 변화를 가져오는 원동력이 되었다.

어느 날 한 담임선생님이 잠시 병원을 다녀오기 위해 앞치마를 벗고 외출복으로 갈아입었다. 그러자 아이들이 선생님 예쁘다며 "우와!" 감탄사와 함께 '엄지 척'을 연발했다. 선생님은 흐뭇하게 미소 지었다. 아이들의 찬사와 감탄사는 교사에게는 하루의 피로를 날려버리는 피로회복제가 된다. 돈으로도 살 수 없는 소중한 에너지가 된다.

우리 집에서도 '엄지 척'이 힘을 발휘한 적이 있었다. 어느 토요일 아침, 남편이 음식 프로그램을 보고 배웠다며 김치찌개를 끓여주었다. 나도 모르게 '엄지 척'을 하면서 남편에게 "최고!"라고 말했다. 남편이 어깨를 으쓱했다.

"연우에게 배운 겁니다."

"그 녀석, 좋은 것 가르쳐 주었네."

남편이 씩 미소를 지었다. '엄지 척'이 우리 집에 웃음을 가져다준 것이다.


상대방에게 엄지손가락 하나를 보여주는 행동 자체는 쉬운 일이다. 그러나 상대방을 인정해주고 칭찬해주는 마음을 가지는 것은 노력이 필요할 때도 있다. 적어도 우리 어른들에게 있어선 말이다. 아이들의 '엄지 척'은 그 어떤 노력도, 그 어떤 대가도 들어 있지 않다. 사람을 있는 그대로 바라볼 줄 아는 순수함을 무기로 장착하고 있기 때문에 가능한 일이다.

나도 아이처럼 '엄지 척'을 하련다. 순수한 사랑을 느끼게 해주는 우리 아이들, 정말 '엄지 척'이다. 오늘도 나는 우리 아이들을 사랑한다.

**4**

## 행복한 봉사, 행복한 직업

"원장 선생님! 오늘 제가 봉사활동을 가서요. 조금 늦을 텐데 제가 올 때까지 수빈이를 좀 부탁드립니다."

"네 어머니. 천천히 다녀오세요. 봉사활동도 가시고 정말 대단하십시다. 저는 언제 봉사활동을 가죠? 부럽습니다."

"어머, 원장 선생님! 무슨 말씀이세요? 아이들 돌보는 이 일이 봉사죠. 저는 억만금을 준다 해도 애들 보는 일은 못합니다. 노인요양원이나 특수학교에 가야 봉사하는 건가요? 원장 선생님은 매일 봉사하고 있는 겁니다."

'아이들을 가르치는 일이 봉사라고?'

나는 한 번도 아이들과 함께하고 있는 나의 일이 봉사라고 생각해 본 적이 없다. 옆에 있던 담임선생님에게 물었다.

"선생님도 우리가 하는 일이 봉사라고 생각해요?"

"네, 원장님. 아이들이 예뻐서 하는 일이지만 봉사하는 마음도 있어야죠. 사명감 없이 단순히 직업이라고 생각하면 못 하는 일입니다."

고등학생 때 학교 단체행사 외에는 봉사 경험이 없던 나에게 수빈이 어머니와 선생님의 말은 큰 위안이 되었다. 바쁘다는 핑계로 봉사활동을 가볼 생각조차 못해 보았다. 봉사란 시간이 여유로운 사람들이 하는 것인 줄로만 알았다.

매일매일 봉사를 하고 있다고? 그럼 정성을 다해서 봉사해야겠다. 예쁜 보석들에게 봉사를 한다? 이 얼마나 행복한 일인가!


학창 시절 내 꿈은 고등학교 국어 선생님이었다. 국립대학 국문학과에 입학해 대학신문사 기자 활동을 하며 대학생활의 즐거움과 청운의 꿈을 펼치고 있던 어느 날, 신문사 선배들이 주고받는 걱정스런 이야기를 들었다.

"어느 학교에 교사로 가려면 기부금이 얼마가 있어야 한대."

"요즘은 모든 중고등학교가 다 그래."

그때는 지금처럼 임용고시가 없었을 때이다. 선배들의 이야기에 나는 곧바로 고민에 빠졌다.

'세 살, 다섯 살 아래 두 남동생도 대학을 가야 하는데 어떡하지? 중고등학교 등록금도 제때에 낼 수 없는 형편인데.'

그날부터 엄청난 고민으로 여러 밤을 지새우다가 혼자서 결론을 내렸다.

'가난한 집에서 기부금을 마련해 고등학교 교사가 될 수는 없어. 기부금을 내지 않고도 취직률이 높고 졸업도 빨리 할 수 있는 유치원 선생님이 되자.'

국어 선생님에서 유치원 선생님으로 꿈을 바꾸고는 아버지 몰래 보호자 서명란에 도장을 찍어서 국어국문학과 학과장 교수님 도장을 받으러 갔다.

"여학생들은 휴학하면 열이면 열, 복학을 안 하더군. 자네가 휴학을 하지 않았으면 하네. 학비 때문이라면 근로 장학생이나 다른 길을 알아볼 테니 학업을 쉬지 말았으면 하네."

교수님은 휴학을 만류했다.

"교수님께서 제 아버지가 될 수는 없으시잖아요."

교수님은 지그시 눈을 감고 한참 동안 말이 없었다. 그러다 조용히 침묵을 깼다.

"그래? 그렇다면 내가 무어라 할 말이 없네. 자네 원하는 대로 하게나."

교수님은 도장을 찍어주었고, 나는 그길로 곧장 사무실로 달려가 휴학계를 제출했다. 어떻게든 학업을 계속했으면 좋겠다는 교수님 말씀이 마음 한쪽에 자리를 잡았다. 미래에 대한 불안감과 국문학 공부를 그만두어야 하는 서운함이 함께 교차했다. 버스 정류장으로 내려오는 캠퍼스 길은 흘러내리는 눈물 때문에 앞이 잘 보이지 않았다.

집으로 돌아오는 길은 많은 시간이 걸렸다. 집 앞 버스정류장을 지나쳐 종점을 한 바퀴 돌아서 집으로 왔다. 머릿속이 텅 빈 느낌이었다. 아무 말도 하고 싶지 않아 아프다는 핑계를 대고 일찍 잠자리에 들었다.

그해 겨울 입시생 신분으로 유아교육과에 지원해서 야간반에 입학했다. 국립대학에 다니는 줄 아는 친구들이 알게 될까봐 불편하기도 했고, 국립대학에서 전문대학으로 옮겼으니 학비를 직접 벌고 싶었다. 낮에는 직장을 다니고 저녁에 수업을 들으러 갔다. 그리고 2년 후 평소 꿈꾸어 왔던 모교 고등학교 국어 선생님 대신 모교 대학 병설유치원 선생님이 되었다.

여전히 기억이 생생하다. 유치원 교사로 첫 출근하던 날의 긴장과 설렘, 아이들과의 첫 만남, 최선을 다했지만 서툴렀던 수업, 아이들보다 더 많이 울어서 동료 교사들의 놀림거리가 되었던 첫 졸업식……. 유치원 교사로 지낸 첫해의 시간들이 내 안에 모두 살아 있다.

그때는 열정과 노력만 있으면 훌륭한 교사가 되는 줄 알았다. 아이들의 마음 읽기와 소통 능력이 부족했던 첫해. 담임으로 맡았던 우리 반 아이들에게 지금도 미안한 마음이 가득하다.


국어 선생님 대신 유치원 교사로 근무했고, 어린이집 원장이 되었다. 눈만 마주치면 아이들이 환하게 웃으며 내게로 달려온다. 품속으로 쏙 들어와 쪼그만 손바닥을 펴서 나의 등을 토닥여준다. 볼을 비비고 볼 뽀뽀를 해준다. 내가 아이들을 안아주려고 두 팔을 벌렸는데, 아이들이 나를 안아주고 토닥여주는 격이다. 고등학교 국어 선생님이라면 이런 사랑을 받을 수 있을까?

수빈이 어머니의 말처럼 아이들을 돌보는 일이 봉사라면 더욱 정성스러운 마음으로 아이들을 사랑하고 싶다. 봉사는 봉사하는 사람에게 더 큰 기쁨을 안겨 준다. 아이들을 교육하는 일은 교사에게 더 큰 보람을 안겨주기에 아이들에게 감사해야 할 일이다.

오늘도 씩씩하게 행복한 봉사를 하러 출근을 한다. 아이들의 웃는 모습과 재롱을 보며 기쁘고 행복한 하루하루를 보낸다.

5

선생님이 살고 있는 아이들의 삶

아이들은 자유로운 영혼을 가지고 있다. 있는 그대로 자기가 가진 기질과 성격대로 표현하고 행동한다. 친구가 싫으면 싫다고 하고, 예쁘고 사랑스러운 친구에게는 살며시 다가가 볼이나 입술에 뽀뽀를 하기도 한다. 아이들과 함께하는 삶 속에서 나는 순수함과 솔직한 표현을 배우기도 한다.

간혹 친구들은 말한다. 유치원 교사는 유치원 수준이고, 초등학교 교사는 초등학생 수준이라고. 교사의 정신연령은 가르치는 아이들 연령 그대로라고 놀려댄다. 유치부 수준이 뭐가 어때서? 맑고 순수하게, 진실한 삶을 사는 게 조금도 부끄럽지 않다.

아이들이 등원하면서 아침인사를 한다. 발음이 정확하지도 않은데 "원장 선생님, 안녕하세요?" 하고 인사하면서 행복을 선물한다. 아무리 사랑하는 연인도 그토록 다정한 눈빛을 변함없이 보내지는 못할 것이다. 아이들은 헤어졌던 엄마를 몇 년 만에 만난 것처럼 크게 입을 벌리고 웃으며 달려와서는 와락 끌어안는다. 무릎을 굽히고 앉아 미리 준비하지 않으면, 달려오는 아이들의 힘에 뒤로 휙 넘어질 때도 있다. 그 넘어짐도 행복이다.

가끔 3세 반 교실에 들어가면, 아이가 서랍에서 자기 기저귀를 꺼내서 들고 오기도 한다. 나에게 기저귀를 갈아달라는 신호다. 나는 젖은 팬티 기저귀를 벗기고 새 기저귀를 입혀준다. 아이는 고맙다고 볼에 뽀뽀를 하거나 꼭 껴안아준다. 아이들은 무엇을 해도 예쁘고 사랑스럽다. 우는 것도 예쁘고, 낮잠 자고 나서 하늘로 치켜든 머리 모양도, 입가에 묻은 우유도, 눈에 낀 눈곱도 예쁘다.

천사들이 모여서 사랑하고 다투고 고집부리면서 성장하는 곳이 어린이집인 것 같다. 국어 선생님 대신 어린이집 원장이 된 지금 매 순간 모든 것이 감사하다.

어느 날 갑자기 가슴 철렁한 일들이 벌어지는 날이면 무사하게 지내는 일상이 얼마나 고마운지 알 수 있다. 언젠가 신체놀이시간에 아이들이 까르르 웃으며 풍선놀이를 하는 소리가 한참 동안 복도 가득 울려 퍼졌다. 놀이를 마치고 조용해지는가 싶더니 담임선생님이 윤이를 데리고 조용히 사무실로 들어왔다.

"원장님, 윤이가 발이 아프다고, 잘 딛지를 못합니다."

풍선놀이를 하다가 발을 다쳤나 싶어서 얼른 정형외과로 달려갔다. 양쪽 발에 엑스레이를 찍고 유심히 상태를 살펴본 의사 선생님은 별 이상이 없다고 했다. 풍선을 애써 맞추어 발차기를 하느라 근

부모들이여! 아이들의 삶이 행복하기를 바란다면,
교사들이 마음 놓고 아이들과 함께 지낼 수 있도록
조금 더 믿어주고 고맙게 여겨주었으면 한다.

육이 놀란 것이니 걱정 말고, 내일도 아프다 하면 다시 병원으로 오라고 했다. 얼마나 다행인지 놀란 가슴을 가라앉히며 아이를 업고는 약국에 들러 장난감이 붙어 있는 어린이 비타민을 두 개 샀다. 윤이는 그 비타민을 손에 들고 룰루랄라 어린이집으로 돌아왔다.

아이들은 가끔 교실에서 혼자 걷다 넘어지면서 입술을 깨물기도 하고, 앉아 있다가 일어날 때 넘어져 팔을 다치기도 한다. 다른 친구가 밀거나 때리지 않아도 아직 무게중심이 머리에 있고, 걸음걸이도 서툴다 보니 가끔 안전사고가 날 때도 있다. 아무리 교사들이 아이들을 잘 보살핀다 해도 눈 깜짝할 사이에 사고가 발생하기도 한다. 누구의 잘잘못도 아닌데 어린이집에서 일어난 일이니, 교사는 무조건 죄인이 되어 몇 번이고 죄송하다는 말을 부모에게 한다.

"선생님이 잘못한 게 아니에요. 놀다가 혼자서 그랬는데 괜찮습니다. 집에서도 가끔 이런 일이 있는 걸요."

이렇게 위안을 주는 어머니가 있고,

"아빠 보시면 뭐라 하겠네요. 선생님은 그때 뭐하고 계셨어요?"

근본 원인을 담임에게만 떠넘기는 어머니도 있다. 담임은 그 순간부터 무능한 교사가 되어 버리고, 아이가 다치게 된 상황을 있는 그대로 설명해도 핑계로 오해 받는다.

나는 아이들의 놀이 상황을 잘 아는 원장이기에 학부모처럼 교사를 나무랄 수는 없다. 그래서 교사의 놀란 마음을 먼저 위로한 후, 다음부터는 이런 경우가 생기지 않도록 더욱 주의해서 아이들을 보살펴야 한다고 조언한다.

어린이집을 책임지는 원장은 아이에게 아주 작은 사고가 나더라도 빠르게 대처해야 한다. 다친 아이를 데리고 바로 병원으로 달려가서 괜찮다는 의사 소견을 듣고 와야 책임자의 임무가 마무리되는 것이다.

어린 시절 삼대가 한집에 살면서 3남 1녀의 우리 형제를 함께 키워준 친할머니가 속상할 때 하던 말씀이 생각난다.

"잘하다가 한번 실수하면 그동안 애써서 아이 봐 준 모든 공덕이 없어진단다."

어린이집에서 안전사고가 발생하면, 이 말이 다시금 무겁게 다가온다.

아이들과 함께하는 삶은 매일 기도하는 삶이다. 친구들과 사이좋게 지내기를, 다치거나 얼굴에 상처 나는 일이 없기를, 놀이터에서 신나게 놀아도 안전사고 없기를, 등하원 차량 운행이 안전하기를 매일 기도한다. 그 기도로 하루를 보낸다.

"오늘도 수고 많으셨습니다."

퇴근 시간에 서로에게 씩씩한 목소리로 이렇게 인사하는 것은 오늘 하루도 무탈하게 잘 지나간 것을 감사하고, 모두의 수고를 위로하고 칭찬하는 것이다.

가끔 예상하지 못했던 일들이 일어나면 감당하기 무척 힘이 든다. 하지만 아이들을 보면 이겨낼 수 있다. 부모와의 관계가 힘들 뿐이지, 아이들 돌보는 것은 조금도 힘들지 않다.

중고등학생도 안전사고가 나는데, 하물며 아기들이 자라면서 다치기도 하는 것은 정상적이다. 부모들은 가정에서 한두 명 돌보는 육아가 힘들다고 이야기하는데, 여러 아이들을 위해 늘 긴장하고 애쓰는 선생님의 노고도 헤아려 주었으면 한다.

아이들이 아프면 교사는 더 아프다. 아이들이 기쁘면 그들을 바라보는 교사들은 더 기쁘다. 엄마의 노고를 함께 나누는 교사들은 아이들의 삶 속에서 울고 웃는다.

부모들이여! 아이들의 삶이 행복하기를 바란다면, 교사들이 마음 놓고 아이들과 함께 지낼 수 있도록 조금 더 믿어주고 고맙게 여겨 주었으면 한다.

6

배고프면 울고 배부르면 웃고

 

어린이집에 등원하자마자 칭얼거리며 우는 아이들이 있다. 혹 어디가 아픈지 이마, 귀, 온몸을 만져보고 체온계로 확인을 해보아도 열은 없다. 기저귀도 젖지 않았다.

배가 고파서 칭얼거리는 것이다. 오전 간식 시간이 아니더라도 부드러운 빵과 우유를 얼른 챙겨 먹인다. 빵이 없을 때에는 제일 먼저 보온으로 되어 있는 밥솥을 열고 넓은 그릇에 밥을 떠서 식힌다. 맛김으로 작은 김밥을 만들어서 먹인다. 엄마새가 물고 온 먹이를 아기새가 받아먹듯이, 선생님이 건네주는 김밥을 작은 입을 벌려 오물거리며 먹는다. 간식이나 김밥을 먹고 조금 있으면 칭얼거리던 모습은 온데간데없고, 방긋방긋 웃으며 친구들과 재미있게 놀이한다.

어린 연령일수록 조금씩, 자주 간식을 먹는다. 점심시간도 가장 빠르다. 우리 어린이집에는 만 1세인 3세 반이 가장 어리다. 3세 반은 이렇게 간식을 챙겨 먹여야 칭얼거리지 않고 잘 논다. 영아반은 잘 먹고 잘 싸고 잘 자는 것이 가장 중요한 생활이다.

조리사 선생님은 메뉴에도 없는 간식을 오전 간식 시간도 되기 전에 준비해서 어린 반에게 먹이는 나의 모습을 보고 의아해 한다. 다른 어린이집에서 근무할 때는 볼 수 없었던 모습이란다. 그건 오래전부터 터득한 영아반 아이들을 위한 우리 어린이집만의 '맞춤 교육법'이다. 아이들이 어린이집 현관문을 열고 들어오는 순간부터 우리는 아이들의 어머니가 되기에 '맞춤 교육법'에 대한 고민은 꼭 필요하다.

아이들의 아침밥을 안 먹여서 보내는 어머니들, 우유에 시리얼을 타서 먹여 보내는 어머니들이 점점 많아지고 있다. 몇 숟가락이라도 아침밥을 먹고 온 아이와 먹지 않은 아이의 컨디션은 차이가 크다.

아침밥은커녕 세수도 안 하고 헝클어진 머리 그대로 잠이 덜 깬 모습으로 등원하는 아이도 있다. 그 아이가 어린이집에 오면 담임선생님이 세수를 시키고, 이를 닦이고, 머리 모양을 예쁘게 한 후에 친구들과 놀이하도록 한다.

담임이나 반 친구들에게 기본 예의도 갖추지 않고 아이를 등원시키는 엄마를 이해하기는 힘들다. 담임은 엄마가 해야 할 일을 귀찮은 내색 없이 당연히 자기가 할 일이라 생각하고 아이를 잘 보살펴 준다. 나는 자주 어깨를 토닥이며 감사한 마음을 전한다.

"선생님, 고마워요. 우리 선생님 정말 대단합니다."

"아니에요, 원장님! 저는 낮 엄마잖아요."

교사회의 시간 때마다 이야기한 "교사는 아이들의 낮 엄마입니다."라는 사명을 잘 받아들이고 실천하는 교사가 고맙다.

철없는 학부모를 보면서 가끔은 '선생님이 꼭 이렇게까지 해야 하나?'라는 회의감이 들 때도 있다. 자식을 위해 전혀 노력하지 않는 부모를 보면 친엄마가 아닌 것 같아서 미운 생각이 들기도 한다. 그럴 때마다 혼잣말을 한다.

"나는 아이들의 낮 엄마다. 친엄마가 안 하면 내가 해야 한다."

유아교육 전문가라는 자부심과 사명감으로 예쁜 아이들을 먼저 생각하려고 노력한다. 아이들을 가장 먼저 생각하면 초심이 흔들리지 않는다.


엄마라는 직업의 가장 기본은 아이들의 의식주를 책임지는 것이다. 하루 세 끼 밥 챙겨 먹이고, 깨끗이 씻기고, 깨끗한 옷 입히고, 낮잠 시간과 밤에는 잘 잘 수 있도록 쾌적한 환경을 만들어주는 것이 부모의 의무이자 책임이다.

엄마도 잘 안 씻고 아기도 지저분하게 잘 안 씻기는 부모가 있다. 반대로 엄마는 엄청 화려하게 꾸미는데 아이는 밤새 차고 잔 기저귀도 갈아주지 않고 세수도 안 시켜서 보내는 엄마가 있다.

"어머니! 선생님이 세수시키고 이 닦였어요."

두 부류의 엄마들 모두 내가 이렇게 말해도 무슨 뜻으로 이야기하는지 못 알아듣는다.

밤새 입고 잤던 내복을 그대로 입고 등원하는 아이에게서는 찌든 냄새가 난다. 입고 온 옷은 얼른 벗겨서 가방 안에 넣고, 어린이집에 있는 여벌로 갈아입힌다. 뽀송뽀송 깨끗한 옷으로 갈아입은 아이는 기분이 좋은지 뱅글뱅글 교실을 뛰어다닌다. 그 아이 어머니의 SNS 에는 예쁜 옷 입은 아이 사진이 많고, 맛있는 음식을 예쁘게 차려서 먹는 사진도 많다. 세상에 둘도 없이 부지런하고 깨끗한 엄마로 보인다. 사진만 보면 마치 TV에 나오는 연예인 가족 같다. 담임도 나도 당황스러워서 아무 말도 하지 못하고 가슴이 아려와서 쓴 미소만 짓는다.

팔로우가 많고 '좋아요'를 많이 받으면 아이에게 어떤 도움이 되고 엄마에게 어떤 이득이 되는 것일까? 그 시간에 애들 옷 한 번 더 갈아입히고, 아이들 눈 한 번 더 바라보고, 동화책 한 권 더 읽어주고, 아이의 마음읽기 한 번 더 하고, 상호작용 한 번 더 하는 어머니였으면 좋겠다.

아이에게 기쁨을 주는 엄마가 되었으면 한다. 어린이집 낮 엄마보다 집 엄마가 아이들을 더 많이 사랑하면 좋겠다. 아이들의 진짜 행복을 위해 고민하는 엄마들이 많은 세상이기를 바란다.

**7**

# 친구가 줄 때까지 기다려

"으앙!!!"

친구가 갖고 노는 장난감을 갖고 싶어서 민우가 울음을 터뜨렸다. 울음을 달래려 달려가는데 승호가 자신이 갖고 놀던 장난감 하나를 건네주었다. 승호는 학교 다니는 누나가 있고, 세 살이다. 누나와 함께 자라는 대부분의 동생들은 울면서 떼를 쓰기만 하면 원하는 것이 내 것으로 되는 줄 아는 경우가 많다. 그런데 승호는 우는 친구를 위해서 자기 장난감을 양보해 주었다. 평소에도 마음이 온유하고 유순한데 너무 기특했다.

나는 승호를 진심으로 칭찬해주었다.

"승호야! 민우가 울어서 가지고 놀던 장난감을 나누어 주었구나. 우리 승호, 예쁜 마음을 가졌네. 정말 멋지다."

친구에게 장난감을 양보해 준 승호는 민우에게 선생님 같은 말도

누구를 만나든 상대방을 소중히 생각하고 대하는 태도는
어른들이 우리 아이들에게 물려주어야 할 귀한 유산이다.
그러므로 교사와 부모는 다른 친구에게
피해를 주는 올바르지 못한 행동을 보이는
아이에게 바르게 가르쳐야 한다.

했다.

"민우야! 친구 장난감 갖고 싶다고 울면 안 돼. 나도 장난감 갖고 놀고 싶을 때에는 친구에게 이야기 하고 친구가 줄 때까지 기다려."

승호의 말에 민우는 알았다고 고개를 끄덕였다. 그러고는 눈물을 닦고 장난감을 갖고 놀았다. 승호 어머니는 늘 웃는 모습이 인자해 보이는데, '아들 참 잘 키우고 계시구나!'라는 생각이 들었다.

5세 반 태윤이와 두연이는 장난감을 정리하는 시간이 되면 친구를 위해서 언어의 배려를 먼저 사용한다.

"블록 바구니 무겁지? 내가 도와줄게."

두 아이 모두 외동인데도 배려심이 습관화되어 있다. 당연히 친구들에게 인기가 많다. 누구든 태연이 두연이와 함께 놀고 싶어 한다.

누구를 만나든 상대방을 소중히 생각하고 대하는 태도는 어른들이 우리 아이들에게 물려주어야 할 귀한 유산이다. 그러므로 교사와 부모는 다른 친구에게 피해를 주는 올바르지 못한 행동을 보이는 아이에게 바르게 가르쳐야 한다. 또한 친구들을 위하여 배려하고 양보하는 모습을 보면 즉시 칭찬해 주어야 한다.

가령 대중교통을 이용할 때 부모가 먼저 "여기 앉으세요." 하며 자리를 양보해야 한다. 노약자석은 "여기는 몸이 불편하신 분이나, 할머니, 할아버지가 앉는 자리야."라고 설명해 주어야 한다. 아이들은 어른들의 가르침을 통해 존중을 배우고, 나아가 행동으로 실천할 수 있게 된다.

우리는 언어와 태도를 보고 그 사람의 내면을 알 수 있다. 고운 말을 사용하는 것은 자신과 상대방을 함께 존중하는 방법 중 하나이다. 교사들은 아이들에게 바르고 고운 말을 가르치기 위해서 어린이집에서 항상 바른 말, 고운 말, 높임말 사용을 생활화하고 있다.

교사나 어른들에게 높임말이 습관화 되어 있지 않은 아이들에게는 일대일 대화에서 더욱 노력을 기울인다. 두 달 정도 집중해서 가르치다 보면 높임말이 몸에 배고 말투도 행동도 어른을 대할 때 공손하게 된다.

어린이답다는 것과 예의가 없다는 것은 다르다. 어느 날 학부모 아버지가 이렇게 말씀하셨다.

"선생님! 어머니, 아버지라고 억지로 가르치지 마세요. 아이답지 않고 징그러워요. 이다음에 크면 다해요."

높임말은 상대를 존중하고 귀한 존재로 인정하고 있다는 것을 예를 갖추어 표현하는 것이다. 아이들이 어른들에게 높임말을 쓰다 보면 행동도, 마음가짐도 달라진다.

예의는 책으로 가르치는 것이 아니다. 부모와 함께 지내는 일상생활에서 가장 먼저 배우게 되는, 혹은 배워야 할 기본 생활습관인 것이다. 아이들에게 몸으로 가르친 예의는 부메랑이 되어서 우리 아이들에게 돌아온다. 그 부메랑은 아이들이 부모님과 어른을 존중할 수 있는 자양분이 되어줄 것이다.

8

# 최고의 선생님이 되는 법

남편은 창원 중소기업에서 근무한 경력을 인정받아 울산 H중공업 4급 경력사원으로 입사했다. 둘째가 태어나면 네 식구를 먹여 살려야 한다는 가장으로서의 책임감 때문인지 한 푼이라도 월급을 더받기 위해 한 달에 두 번 일요일만 쉬고 다른 날은 특근을 했다. 힘들다는 내색 한 번 하지 않는 남편이 무척 고마웠다. 남편에게 힘이되는 아내가 되고 싶었지만 낯선 울산으로 이사를 와서 아는 사람이 없었기에 시댁에서처럼 집에서 과외를 할 수도 없었다. 알뜰하게 절약해서 살림 사는 거 외에는 아무런 경제적 도움이 되질 못했다.

둘째를 임신한 배를 보고 시아버지가 말했다.

"너 아무래도 쌍둥이 가졌나 보다. 의사 선생님께 자세히 물어봐."

그런 말을 들을 만큼 무척이나 배가 불러왔다. 그런데도 출산을 하고 나면 하루라도 빨리 직장을 구해서 출근을 해야겠다는 마음으로 매일 전봇대에 꽂혀 있는 정보지를 챙겨 와서 구인란을 뚫어지게 보고 또 보았다. 두 아이의 엄마인 교사가 출근할 수 있는 유치원이 있는지, 학원에 유치부 교사를 구하는 곳이 있는지 샅샅이 살폈다. 배가 남산만 한 산모가 태교보다는 출산 후 취직에 관심이 더 많았다. 하지만 아줌마 선생님을 반기는 유치원은 없었다.

1994년 2월 25일 아들을 출산하고 7개월쯤 접어들 때 부산 시어머니에게 둘째를 맡기고 아이들을 가르치는 일을 다시 시작했다. 그때는 유치원 다음으로 유치부들이 많은 미술학원을 개원했다.

태어난 지 6개월이 지난 아들 짐을 보따리 보따리 챙겨 시댁에 갖다놓고 아들을 맡긴 채 울산으로 돌아오는 길은 남편과 나의 눈물바다였다. 목이 메고 가슴이 미어왔지만 남편이 운전을 하고 있었기에 차마 소리 내지 못하고 한참을 울었다. 남편이 우는 모습을 그때 처음 보았다. 네 살 딸은 품에서 쌔근쌔근 자다가 엄마의 흐느낌에 놀라서 눈을 뜨고는 나를 바라보았다.

"엄마, 왜 울어?"

"그냥. 눈이 아파서."

"아빠는 왜 울어?"

"아빠도 눈이 아프대."

우리 부부는 울산에 도착해서 잠들 때까지 아무런 말도 하지 않았다.

미술학원을 차리는 데는 시댁의 도움이 컸다. 시아버지가 살고 있는 2층 주택을 담보로 은행에서 대출을 받아 전세금과 시설비를 마련해 준 것이다. 우리 부부는 원금과 이자를 매달 벌어서 갚기로 약속했다.

건물 주인이 직접 운영하는 한복집 2층에 35평 건물을 얻었다. 피곤함도 모르고 열심히 노력해서 차근차근 원금과 이자를 시아버지 통장으로 입금했다. 딴에는 조금 넉넉하게 드렸는데, 서너 달이 지나자 생활비도 함께 보내 달라고 했다. 건물 월세금도 내야 하고 시작한 지 몇 개월 되지 않아 빠듯한 살림살이에 시부모님 생활비까지 드릴 형편이 아니었다.

친정아버지가 그 이야기를 듣고는 친정집을 담보로 대출을 받아서 부산 시부모집 담보 대출금을 갚아 주었다. 열심히 산다고 고생하는 딸에게 생활비까지 얹어 달라고 하는 바깥사돈이 못마땅했던 것이다. 그 후로 대출금 원금과 이자는 친정아버지 통장으로 입금했다. 매월 고정금액을 보냈는데 원금이 상환되는 금액만큼 매월 조금씩 이자가 적어졌다. 아버지는 대출금을 납부하고 남는 금액을 챙기는 재미로 한 달에 한 번 은행가는 날을 손꼽아 기다렸다. 은행 일을 마치고 집에 오는 길에는 엄마와 함께 먹을 간식거리를 샀다. 그러고는 딸이 사준 것이라 자랑을 하며 집으로 왔다.

미술학원은 사람들의 입소문을 타고 원생들이 조금씩 늘어났다. 소문을 듣고 미술학원에 와보고 싶다는 학부모들의 전화 문의도 많아졌다. 하지만 아무리 위치를 설명해도 금방 알아듣지 못했다.

"옥류 목욕탕 아세요? 목욕탕 바로 앞 길 건너로 보시면 건어물

가게가 보여요! 건어물 가게가 있는 골목길로 쭉 들어오면 한복집이 있습니다. 그 건물 2층입니다."

전화 문의를 한 학부모 중 반은 찾아오고, 반은 위치를 모르겠다며 찾아오지 못했다.

지나가는 사람들이 잘 보이는 곳으로 미술학원을 옮긴다면 더 많은 아이들이 오겠구나 싶었다. 그래서 골목길 한복집 2층에서 5년이 지난 1999년 8월, 아파트를 오가는 차들이 다니는 일차선 도로변 2층 70평으로 이사했다.

사실 그동안 열심히 번다고 노력했지만 5년 만에 넓은 평수로 이사를 할 만한 경제력은 되지 않았다. 살림 살던 주택 전세금을 빼서 미술학원 전세금과 합쳐 이사를 감행해야 했다. 살림집은 미술학원에서는 보이지 않게 안쪽으로 10평 정도로 만들었다. 식탁과 냉장고를 놓을 공간만큼의 부엌을 가운데 두고 마주보는 방 두 칸, 쓸모없는 길쭉한 베란다에 싱크대를 달아서 만든 부엌, 타일이 없는 시멘트 바닥의 세면실, 우리 가족은 그런 집에서 7년을 살았다. 7년 동안 남편은 열심히 직장을 다녔고, 두 아이는 초등학교를 거쳐 중학교에 입학할 때까지 무럭무럭 씩씩하게 자랐다.

지금까지 살면서 가족들에게 가장 미안하고 고맙고, 또 마음 아리는 시간은 미술학원 안에서 살았던 7년의 시간이다. 하지만 아내로, 엄마로, 며느리로 살림을 꾸려나갈 수 있었던 최선의 방법이었기에 누가 뭐라고 나무란들 할 말은 없다.

그리고 21년의 세월은 정말 만만치가 않았다. 남편과 빈손으로 시작해서 맏며느리의 의무를 다하며 시부모에게 생활비 드리면서 살았던 시간이 21년이다. 나는 예전이나 지금이나 '시부모 걱정 안 하고 우리만 잘살면 된다.'는 친구들이 가장 부럽다.

골목 안 미술학원에서 열심히 노력한 결과 넓은 평수로 이사를 하고 나서도 유치부, 초등부 원생들은 꾸준히 늘었다. 유치원에서 근무했던 초심으로 아이들을 가르치는 데 언제나 정성을 다했다. 미술대학을 졸업한 두 선생님도 아이들을 사랑하는 마음을 바탕으로 열심히 근무했다.

유치부 시절과 초등학교 1, 2학년 시절은 그림에 꽃이 피는 시기이다. 이 시기에는 반드시 미술교육이 필요하다. 미술교육이라기보다는 아이들이 내면에 가지고 있는 생각을 그림으로 표현할 수 있도록 돕는 일이라는 표현이 더 적절하겠다. 여러 가지 주제를 다양하게 그림으로 표현해 본 친구들은 초등학교 저학년, 고학년이 되어서 글짓기도 잘한다. 많은 이야기를 그림으로 표현해 보았기에 글로도 쉽게 표현할 수 있는 것이다.

미술학원에 그림 배우러 오는 초등학생들이 많아질수록 엄마들의 입학 상담도 많아졌다.

"선생님, 그림 전공하셨어요? 어느 미술대학 나오셨어요?"

"어머니, 저는 유아교육 전공입니다. 선생님들은 미술대학을 졸업했습니다."

어머니들이 미술을 전공했냐고 물을 때마다 머뭇거리며 당당하게 대답할 수 없는 나 자신이 점점 작게만 느껴졌다.

2003년 야간대학 서양화과에 입학하여 미술학사 학위를 받았다. 어머니들의 물음에 당당해지고 싶은 마음도 있었지만, 이십대의 대학시절에 그림이나 음악을 전공하고 싶은 마음도 내면 깊숙이 숨어 있었던 것이다. 하지만 그때는 졸업 후 직장을 걱정해야 했기에 그림이나 음악은 엄두를 낼 수 없었다.

국가에서 저소득 자녀의 보육료 지원이 시작되자 미술학원에서 어린이집으로 옮기는 유아들이 늘어났다. 유아교육 전공을 찾을 수 있는 기회가 다시 찾아왔다. 나는 2006년 35평 작은 규모지만 어린이집 원장이 되었다. 내가 잘하고 즐거워하는 유아교육을 다시 시작하게 되었다.

태어난 지 7개월째 접어드는 아들을 부산 시댁에 맡기며 시작했던 미술학원이 12년 만에 어린이집으로 환생했다. 나는 미술교육 현장에서 유아교육 현장으로 다시 돌아왔다. 물론 어느 한 순간도 헛되이 지나쳐버린 시간은 없다. 아이들을 교육하는 곳이라면 미술학원이든 어린이집이든 모두가 유아교육을 실현하는 곳이다.

어떤 마음으로 아이들을 대할 것인가. 어떻게 고운 인성이 뿌리내리도록 아이들을 도울 것인가. 이는 유아교육 현장에 발 딛고 선 사람의 기본정신이다. 최고의 선생님이 되는 방법은 간단하다. 매순간 아이들을 위해 최선을 다한다면 어디서든 최고의 선생님이 되는 것이다.

제5장

# 동화 같은 삶을
# 꿈꾸며

**1**

## 내가 선생님으로 보이나요?

우리 집 싱크대 찬장에는 똑같은 유리컵이 없다. 예전에 샀던 컵들은 쓰다가 깨져서 버리다보니 짝이 맞지 않고, 사은품으로 받은 각양각색의 유리컵이 자리만 차지하고 있었다. 가족 넷이 모이면 각각 모양이 다른 컵을 사용해야 했다. 혹 손님이 와서 음료수를 대접해야 할 경우가 생기면 곤란하다는 생각에 예쁜 유리컵을 사러 그릇가게에 갔다.

큰 도로변 한쪽 저마다의 상호를 뽐내며 그릇가게들이 줄지어 모여 있었다. 어느 가게로 갈까 고민 끝에 가게 앞에 주차하기가 가장 쉬운 가게로 들어갔다.

"사장님, 주스나 맥주를 마실 수 있는 예쁘고 특이한 디자인의 유리컵 좀 보여주세요."

사장님은 몇 가지 유리컵을 챙겨 와서 보여주었다.

"혹시 선생님이세요?"

"왜 그렇게 생각을 하시죠?"

"그냥 선생님인 것 같다는 느낌이 들어서요."

"나쁜 뜻인가요?"

"아니요. 좋은 뜻으로 말씀드린 겁니다."

"고맙습니다. 아이들과 함께 지내는 일을 하고 있습니다."

젊은 주인아저씨의 말에 기분이 좋아졌다. 아저씨는 예쁜 유리컵 열 개를 신문지로 말아서 조심스럽게 포장해 주었다.

유리컵을 쓸 때마다 아저씨가 그때 했던 말을 떠올리게 된다. 삼십대, 사십대 때에는 사람의 외모에서 직업이 느껴진다는 것이 싫었다. 내가 하는 일이 무엇인지 숨기고 싶었다. 하지만 오랜 시간 아이들과 함께 지내는 일을 하다 보니 '머리부터 발끝까지 교사는 교사다워야 한다.'는 말이 좋은 의미라는 것을 깨닫게 되었다.

모델은 모델다워야 하고 운동선수는 운동선수다워야 한다. 가장 쉬운 예가 헤어디자이너이다. 예쁘고 세련된 머리 모양을 한 헤어디자이너와 살림하는 아줌마 같은 머리 모양을 한 헤어디자이너가 있다면 누구에게 나의 헤어스타일을 맡기고 싶을까?

자기 일을 사랑하고 열심히 하다 보면 다른 사람의 눈에 그 사람의 전문분야가 보인다는 것이 나쁜 의미는 아닐 것이다.

교사는 가르치는 일을 하는 사람이다. 국어 교사였던 어릴 적 꿈이 유치원 교사로 바뀌면서 자연스레 가르치는 대상도 바뀌었다. 지금 생각해 보면 사춘기 중고등학생들을 가르치는 국어 선생님보다 유치원 교사와 어린이집 원장이 된 것이 오히려 더 잘된 일인 것 같기도 하다.

사람이 평생 가지고 살아가는 인격이 형성되는 시기는 영유아기이다. 인생에서 가장 중요한 시기이다. 사람이 살아가는 삶의 지혜도 이 시기부터 배운다. 그러기에 어린이집 선생님은 모든 선생님들 중에 가장 훌륭한 선생님인 셈이다.

어린이집 교사는 나의 천직이다. 아이들과 함께 보내는 시간이 가장 기쁘고 보람된다.

주말이면 어김없이 아이들이 보고 싶고 재잘거리는 소리가 환청으로 들려온다. 기다림이 가져오는 환청이다. 사랑하는 사람을 기다리는 설렘은 사랑을 해보지 않은 사람은 설명해도 모르는 행복이다. 3월 입학 때와는 다르게 한 달, 두 달 시간이 지날수록 아이들은 놀라운 변화를 가져온다. 어른들과 선생님께 인사하기, 숟가락 포크 젓가락으로 스스로 밥 먹기, 밥풀 적게 흘리기, 친구에게 장난감 나누어 주기, 친구 물건 챙겨주기, 사이좋게 지내기, 기저귀 떼고 화장실 가기, 잠이 오면 칭얼거리지 않고 잘 자기……. 하나하나 놀라운 행동변화에 교사들은 힘든 것도 다 잊고 보람과 행복감을 느낀다.

교사가 가져야 할 가장 중요한 덕목은 아이들을 사랑하는 마음이다. 밥 먹다가 아이들이 토하면 치워야 하고, 밥 먹다가 기저귀를 갈아야 하고, 밥 먹다가 도시락을 쏟으면 치우고 다시 배식해야 한다. 하지만 교사들은 아이들로 인해 힘든 것을 모두 잘 참고 이겨낼 수가 있다. 아이들을 사랑하는 마음 덕분이다.

아이들은 교사의 사랑을 받으면서 시간이 갈수록 예쁘고 바른 인격체로 성장한다. 아이들은 교사가 사랑하는 만큼, 정성을 들이는 만큼 고운 인격이 형성된다. 교사들은 아이들의 작은 변화에도 '교사되기 참 잘했다'는 자부심을 느끼며 보람을 느낀다.

아이들을 좋아하고 아이들을 사랑할 줄 아는 사람에게 교사란 천직이다. 그래서 교사는 좋아하는 아이들에게 맘껏 사랑을 나눌 수 있는 시간이 가장 행복하다.

모든 교육은 사랑으로 시작해서 사랑으로 마무리해야 한다. 아이들이 선생님으로부터 받은 사랑을 다른 사람에게 나눌 줄 아는 인격을 지닐 수 있도록 교사들은 오늘도 최선을 다하고 있다. 천직을 만났기 때문이다.

**2**

## 아이들의 미래와 인류의 미래를 위하여

아이들을 어떻게 키우느냐에 따라 내 아이의 미래가 좌우되기도 하지만 우리나라의 미래, 세계의 미래, 나아가 인류의 미래가 결정된다.

사람들은 만 가지 소원이 있는데 어머니는 한 가지 소원이 있다고 한다. 오직 자식 잘되기를 바라는 소원이다. 세상의 모든 어머니들은 자기 아이를 잘 키우고 싶어 한다. 하지만 어떻게 키워야 잘 키우는 것인지 방법을 모른다.

지금 어린이집의 학부모들은 대체로 '둘만 낳아 잘 기르자'는 시대에 태어나 부모가 된 사람들이다. 하나 아니면 둘로 자라다 보니 여러 형제들과 어울리면서 성장하지 못했다. 그래서 더욱 자녀 교육이 어렵고 힘들다고 한다.

아이들은 우리의 미래이며 인류의 미래이다.
아이들은 저절로 크는 것이 아니라
부모와 교사의 사랑과 정성만큼 자란다.
인류의 미래, 아이들의 미래가
우리 어른들이 지금 어떻게 생각하고
행동하는지에 따라 결정된다는 사실을 잊지 말아야겠다.

하루 일과를 마치고 아이들이 거의 하원했을 무렵 4세 반 경민이 어머니의 개별상담이 있었다. 1학기 초 상담에 이어 2학기 상담일은 아직 멀었는데, 요즘 부쩍 떼를 쓰고 무엇이든지 마음대로 하려고 억지를 부리는 아들이 고민되어서 상담을 하러 온 것이다.

나는 담임과 한 시간이 넘도록 긴 상담을 마치고 돌아가는 어머니에게 인사를 하러 나갔다.

"어머니, 상담은 잘 하셨어요? 마음이 좀 편해지셨나요?"

"네, 원장님. 문제는 저에게 있었네요. 담임선생님과 약속한 대로 노력해보고 다시 상담하러 오겠습니다."

경민이는 외동아들이다. 엄마는 한 명도 잘 키우기 힘들어서 동생은 낳고 싶지 않다고 했다. 경민이는 집에서 혼자 놀다 보니 어린이집에서 보내는 시간보다 재미없고 지루해서 엄마에게 떼를 쓰고 반항을 한 것이다. 자기가 무엇을 원하는지 엄마가 모르니까 짜증도 늘어났다.

최근에는 아빠가 다른 지역으로 전근을 가서 주말에 격주로 경민이를 보러 온다. 그러다 보니 경민이의 투정은 더 심해졌고, 어린이집에서 친구들과 어울리는 것 또한 힘들어 했다. 갖고 싶은 장난감을 뺏거나 친구들의 놀이를 방해하기도 했다.

부모들은 아이와 어떻게 놀아주어야 하는지를 모르겠다고 말한다. 부모님들은 퇴근 후 집에 오면 아무리 피곤하고 힘들어도 아이와 몸으로 부딪치며 10분이라도 놀아주어야 한다. 아이들의 놀이는 긴 시간 함께하는 양보다는 짧은 시간이라도 즐거운, 놀이의 질이 중요하다. 아이를 위해 10분이라도 부모님이 할 수 있는 놀이를 해 주는 것을 의무화하여야 한다.

여러 가지 장난감을 가득 사 주고 혼자 놀게 하는 것은 바람직하지 않다. 장난감의 종류가 적더라도 부모가 아이의 친구가 되어 함께 놀아주는 것이 중요하다. 아이들이 둘이나 셋일 경우 자기들끼리 놀도록 그냥 두는 부모도 있는데, 마냥 그렇게 해서는 곤란하다. 엄마 아빠의 놀이 참여는 아이의 성장발달에 무척 중요한 영향을 미치기에 부모들은 최선을 다해서 함께 놀이하는 친구가 되어야 한다.

시간 내서 놀아주기 어렵다면 일상에서 찾으면 된다. 가령 아이를 데리고 집 앞 슈퍼를 갈 때라도 손을 잡고 팔을 흔들며 노래도 부르고, 어부바도 하고, 잡기놀이도 하면서 가는 것이다. 물건을 살 때 즐겁게 '시장놀이'도 할 수 있다. 오는 길에 바깥 놀이터에서 시소도 타고 그네도 타면 더할 나위 없이 좋다.

우리의 부모님들 세대에는 많은 형제자매가 함께 자랐다. 때문에 하고 싶은 것을 마음대로 못하는 경우가 많았다. 그렇게 자라 부모가 된 사람들이 한두 명의 자식을 낳았고, 자식이 원하는 것이면 무엇이든지 다 들어주려고 했다. 그 결과 자녀들은 점점 자기밖에 모르는 이기적인 사람으로 성장했다. 힘든 상황에 부딪히면 끝까지 도전하고 성취하는 역경 돌파 능력도 부족해졌다. 그런 채로 어른이 되었다. 그들이 바로 어린이집의 학부모들이다.

사랑하는 남녀가 만나서 아이를 낳으면 저절로 부모가 된다. 하지만 저절로 좋은 부모가 되기란 쉽지 않다. 앞 세대의 부모들은 먹고 살기에 바빴고, 자식들 굶기지 않고 배부르게 먹이면서 남들만큼 공부시키는 것이 고민이었다. 잘 키우려고 애쓸 시간도 여력도 없었다. 여러 명의 형제자매가 한데 어울려 자라면서 부모 대신 언니, 오빠들이 동생을 돌보았고, 싸우고 다투기도 하면서 양보와 배려, 규칙과 질서를 배웠다. 집에서 사회생활이 시작되었던 것이다. 앞 세대 어른들이 "자식들이 저절로 알아서 컸다"고들 하는데, 맞는 말이다.

요즘 어머니 중에는 어린이집 선생님과 주고받는 대화수첩에 1년 내내 담임에게 '감사합니다', '고맙습니다'라는 단어 한 번 쓸 줄 모르는 엄마가 있다. 끔찍이 사랑하는 자식을 하루에 여섯 시간, 일곱 시간 이상 돌보아주는 선생님에게 감사하다는 마음을 표현함은 자연스러운 것이다. 부모가 자식을 예뻐하는 만큼 선생님도 그 아이를 예뻐하기에 아무리 고맙다는 말을 많이 해도 과하지가 않다.

"감사합니다. 오늘도 힘내세요. 파이팅입니다."

이 한마디는 선생님에게 힘을 주고 하루를 행복하게 만드는 묘약과도 같다. 그 행복한 기운은 아이들에게 고스란히 전해져서 아이들도 행복한 하루를 시작하게 된다.

계절마다 수족구나 구내염이 유행할 때는 어린이집에 속상한 일들이 많이 생긴다. 어린이집에 아픈 아이가 있는지부터 물어보고 전염병이 옮을까 봐 며칠 동안 어린이집에 안 보내는 어머니도 있다. 아이를 데리고 매일 엘리베이터를 오르내리고, 놀이터도 가고, 키즈카페도 가고, 마트도 다니는데 모든 전염병은 어린이집에서 옮아온 것처럼 말한다.

선생님은 아이들이 하원하고 나면 청소기를 돌리고, 물걸레질을 하고, 소독액을 장난감과 교구에, 또 바닥에 뿌린다. 칫솔, 양치컵도 소독한다. 아이들의 건강을 위해 정성을 다해 매일 청소한다. 두 달마다 소독 전문 업체 아저씨가 와서 공중 부유 살균까지 한다. 가정에서 어린이집만큼 매일 소독하기는 힘들 것이다.

1994년 울산에서 아이들을 가르치는 일을 다시 시작했을 때는 국가보육료 지원금이 없던 시절이다. 어머니들은 남편의 월급으로 준비한 보육료 봉투를 두 손으로 내밀며 선생님에게 공손하게 말하고 인사했다.

"수고 많으십니다. 감사합니다. 우리 아이, 잘 부탁드립니다."

당연히 나도 똑같이 인사했다. 서로 감사하다고 허리 굽혀 인사하다가 학부모와 머리를 부딪친 적도 있다.

아이들과 함께하는 교육경력이 길어질수록 교사를 힘들게 하는 학부모들도 많아지고 있다. 물론 매스컴에서 부모들을 실망하게 만든 교사들이 보도되다 보니 신뢰감이 떨어진 것도 사실이다. 하지만 매스컴에 보도되는 교사는 극소수일 뿐, 아이들을 사랑하고 바른 교육을 실천하는 교사들이 더 많다. 교사를 믿고 긍정적으로 바라본다면 선생님들은 아이들과 함께하는 시간이 더 행복해질 것이다.

부모는 가정에서, 교사는 유아교육 현장에서 아이들에게 최선을 다하여야 한다. 아이의 말에 귀 기울이면서 아이가 묻는 말에 즉시 반응해 보자. 아이의 친구가 되어 놀아주면서 배려와 사랑을 가르쳐

보자.

아이들은 우리의 미래이며 인류의 미래이다. 아이들은 저절로 크는 것이 아니라 부모와 교사의 사랑과 정성만큼 자란다. 인류의 미래, 아이들의 미래가 우리 어른들이 지금 어떻게 생각하고 행동하는지에 따라 결정된다는 사실을 잊지 말아야겠다.

# 행복한 미래를 만드는 육아일기

먼 후일, 어른이 되어 육아일기를 읽게 될 우리 아가에게.
엄마의 끔쩍한 사랑을 여기에 담는다. 엄마가 아가를 향한 사랑이
큰 만큼 꼭 훌륭한 사람이 되리라는 걸 확신하면서

너를 소중히 여기는 엄마가

1990. 8. 16.

내 사랑하는 우리 둘째 아기를 위해 여기 태아일기를 시작한다.
후일 이 세상을 훤히 비추는 참되고 훌륭한 인격체로 자라기 바
란다.

엄마

1993. 7. 12.

딸과 아들. 두 아이를 낳았다. 병원에서 임신 판정을 받은 날부터 아이에게 태아일기를 썼다. 엄마, 아빠가 얼마나 아기를 사랑하는지, 아기가 태어날 날을 얼마나 기다리고 있는지, 초음파 사진으로 지켜본 아기는 어떤 모습이었는지, 입덧은 어떻게 했는지, 태동은 어떻게 느꼈는지…….

아이가 태어난 후에는 언제 고개를 가누고, 언제 뒤집기를 하고, 언제 보행기를 타고, 언제 기어 다니고, 언제 앉고, 언제 걸음마를 하고, 이 모든 것들이 육아일기에 적혀 있다.

부모는 아기의 생명을 알게 된 순간부터 배 속에서 건강하게 자라서 건강하게 태어나기를 바란다. 그리고 이 세상에서 가장 지혜롭고 행복한 아이로 자라기를 기대하고 기도한다. 임신 중에는 몸가짐을 조심하고, 음식을 가려서 먹고, 아이를 위해서 최선을 다한다. 음악을 듣고, 책을 읽고, 좋은 생각만 하면서 태교를 한다. 요즘 젊은 부모는 임신축하 여행도 간다.

역대 왕들의 탄생과 업적이 기록되어 지금까지 전해 내려오고 있듯이 부부로 인하여 잉태되고 탄생한 내 아이의 역사를 부모가 직접 종이노트에 썼으면 한다. 태아일기와 육아일기는 가족의 역사로 길이 남을 것이다.

나는 혼자서만 일기를 기록한 것이 아쉽다. 아빠도 함께 태아일기를 쓰고 육아일기를 쓴다면 아이에게 두 배로 큰 사랑이 전해질 것이다.

두 아이의 육아일기를 읽으면서 그동안 잠시 잊고 있었던 일을 떠올리며 혼자서 미소 짓는다.

시아버지 생신을 축하하기 위하여 평소 좋아하시는 슈크림 빵, 밤과자, 케이크, 과일 등을 가득 사서 생신 전날 토요일, 부산 시댁에 갔다. 온 가족이 모여 손녀 손자의 재롱에 깔깔거리며 웃고 있었는데, 갑자기 둘째가 할아버지 얼굴을 바라보며 말했다.

"할아버지 이마에 파도가 있어요."

"그래, 우리 손자가 시인이구나. 할아버지 이마가 파도 같지?"

바다에 돌멩이 던지러 가자고 졸라대던 아들이 바다에서 본 파도를 기억하고 할아버지에게 한 말이다. 나는 시아버지에게 죄송해서 어쩔 줄 몰랐다. 그러면서도 '세 살이 어쩜 저런 표현을 할 수 있지?' 하며 아들의 표현력이 참 기특하다는 생각을 했다.


남편 직장에서 가족들이 모이는 송년회가 열린다고 했다. 송년회를 며칠 앞두고 나는 예쁜 모습으로 가기 위해 미용실에 파마를 하러 갔다. 파마를 하려면 두 시간이 걸려서 미용실 옆 자주 가는 아동복 가게에 두 아이를 부탁했다.

조금 뒤 큰아이가 동생 손을 꼭 잡고 미용실로 찾아왔다. 옷가게 언니랑 놀다가 지루해진 동생이 엄마가 보고 싶다고 졸라댔단다. 아들은 머리에 온통 파마 로트를 말고 있는 엄마 모습이 낯설어서 한참을 머뭇거리더니 자기 이름을 부르는 엄마 목소리를 듣고야 반갑게 다가와 안겼다.

"우리 엄마, 해바라기 같아요."

"어머! 세 살짜리가 어떻게 그런 표현을 할 수가 있어? 예쁘기도 해라."

미용실에 있던 손님들이 모두 웃으며 한마디씩 칭찬을 했다. 그때 한창 책을 보며 동물 이름, 꽃 이름을 배우는 중이었는데, 아이가 보기에는 엄마의 펌 머리가 해바라기꽃처럼 느껴졌던 것이다.

외할머니, 외삼촌이 아이들이 보고 싶어서 모처럼 우리 집으로 놀러왔다. 집에서 5분 거리인 동해안 정자 바닷가에 갔다. 파도치는 동해는 물이 굉장히 차가워서 여름에도 발이 시릴 정도다. 아빠와 외삼촌이 시원한 바닷바람을 맞으며 파도를 따라 올라갔다 내려갔다 자갈밭을 즐겁게 뛰어 놀고 있었다. 그런데 네 살 아들이 갑자기 목이 터져라 아빠와 외삼촌을 손짓으로 부르며 울기 시작했다.

"안 돼! 빨리 올라와! 파도가 데려간단 말이야!"

아들은 평소에 자갈돌을 던지며 바다를 좋아했지만, 다른 날보다 파도가 세니까 겁이 났던 것이다. 너무 고함을 지르며 울어대는 바람에 아빠와 외삼촌은 우는 아이를 달래기 위해 급하게 자갈밭으로 올라와야 했다. 아빠는 울지 말라고 아들을 안고 토닥이면서 외삼촌과 눈으로 대화했다고 한다. '이런 어휘력은 어디서 배웠을까?'라고.

육아일기 노트에는 신기한 이야기들이 가득하다. 아이 둘을 키우면서 기특하고 대견했던 일들을 모두 머릿속에 기억한다는 것은 한계가 있다. 그날그날 있었던 일들과 아이들을 키우면서 느꼈던 감정을 글로 써 놓아야 한다. 그래야 언제 어떤 일들이 있었는지, 어떨 때 엄마가 감동했는지 추억을 떠올릴 수 있다. 그 추억은 가족의 행복을 더욱 단단히 해주는 울타리가 될 수 있다.

어린이집에서 매일 담임선생님과 주고받는 대화수첩도 아이의 역사이다. 대화수첩에는 아이가 김치나 나물을 언제부터 조금씩 먹기 시작했는지, 어디가 아팠는지, 누구랑 친하게 놀았는지, 어떤 기특한 행동을 했고 어떤 미운 행동을 했는지 등이 자세하게 기록이 되어 있다. 어린이집 대화수첩은 하나도 버리지 말고 보관해야 한다. 엄마의 육아일기와 선생님이 매일 써준 기록을 함께 보관한다면 내 아이의 역사를 더 자세하게 알 수 있다.

나는 올해 스물다섯 살이 된 아들이 처음 어린이집에 다녔을 때 선생님이 매일 적어 준 손바닥만 한 스프링 수첩을 아직도 보관하고 있다. 자주 중이염을 앓았던 아이를 일하는 엄마 대신 병원까지 데리고 다녀온 선생님의 글을 읽으면 그때는 몰랐던 감사함과 죄송함이 북받쳐 오른다. 언젠가 24년 전 담임선생님을 찾으려 했지만 연락처를 알 수가 없었다. 두 돌도 안 된 내 아이를 돌보아주셨던 선생님에게 혼자 마음속으로만 고마움을 전해야 했다. 다행히 원장 선생님은 아직 그 자리에서 어린이집을 운영하고 있어서 지금도 고마운 마음을 잊지 않으려고 애쓰고 있다.


대한민국의 모든 어머니들이 아이들의 행복한 미래를 위하여 육아일기를 쓰면 좋겠다. 부모는 아이의 하루를 기록하면서 내 아이의 소중함과 존귀함을 느끼고, 아이는 부모가 써준 육아일기를 보면서 부모의 바람대로 바른 인격을 가지기 위해 노력할 것이다.

좋은 부모 되기는 천 마디 말보다 한 번의 실천이 중요하다. 오늘 문구점에 들러서 육아일기를 쓸 수 있는 예쁜 노트를 한 권 사는 게 어떨까?

## 사랑은 가을처럼

우리 우리나라는 정말 아름다워요.
우리 우리나라는 정말 좋아요.
봄은 꽃 나라, 여름은 별 나라, 가을은 숲 나라,
그리고 추운 겨울은 하얀 눈 나라.

아이들이 좋아하는 김성균 동요 〈우리나라〉의 가사이다. 아이들은 이 노래를 부르며 우리나라의 아름다운 사계절에 대하여 감사함을 느낀다. 나아가 계절에 따라 좋아하는 놀이가 달라지는 것을 알고 행복해한다.

2018년 여름은 111년 만에 찾아온 가장 더운 여름이었다고 한다. 잔인한 폭염으로 다시는 이 지구에 가을이 오지 않을 것만 같았다. 아이들이 등하원할 때 현관문을 열면 땅에서 올라오는 열기가 찜질

지나치게 더운 사랑은 아이들을 도망가게 하고
아이들을 질리게 만들 것이다.
가을이 다시는 우리 곁에 오지 않을 것 같은
불안감을 주는 더위가 아니라,
가을이 기다려지는 적당한 더위만큼의 사랑으로
아이들을 사랑하자.

방의 한증탕 같아서 급하게 현관문을 닫아버렸다.

교통량이 가장 많은 서울은 더운 열기로 인해 '열섬'이라고 했다. 밤에 체크한 서울의 아스팔트 도로의 온도는 40도를 가리켰다. 더위를 식히기 위해 쓰는 전력 사용량이 많다 보니 지은 지 25년이 넘는 아파트는 정전 사고의 위험이 많아서 오래된 변압기를 교체해야만 했다. 실제로 정전 사고가 일어난 곳은 많은 사람들이 밖으로 나와서 더운 여름밤을 보내기도 했다.

노동부에서는 폭염이 심한 낮 시간대에는 작업 중단을 지시하기도 했다. 이렇게 무더운 여름에 밖에서 일하는 분들은 얼마나 고생이 많을까? 특히 지하주차장에서 안내하는 일을 하는 분들의 노고가 떠올랐다. 학생이나 취업준비생 신분의 젊은 아르바이트생들이 주차장 안내를 많이 하는데 폭염과 매연에 그들의 건강이 걱정되었다.

3주 넘게 계속된 2018년 폭염의 원인은 전 지구적인 온난화 현상 때문이라고 한다. 지구 온난화의 책임은 우리 모두에게 있다. 사람들은 조금 더 편안한 생활에 길들여져 있다. 대중교통보다는 자가용을 타고, 음료수 컵은 거의 대부분 일회용을 사용하고 있다. 시장바구니보다는 비닐봉투에 식료품을 담아 오는 것이 우리의 일상이다.

나 역시 일회 용기를 많이 사용하고 있다. 하지만 아이들과 함께 지내면서 아름다운 지구를 후손에게 물려주어야 한다는 생각에 실천하고 있는 것이 있다.

우선 평상시 설거지나 빨래를 할 때에는 세제를 조금이라도 덜 사용하려고 노력한다. 그리고 쓰레기는 철저히 분리수거해서 버린다.

'나 하나쯤이야'가 아니라 '나 하나만이라도'라는 마음으로 환경 사랑을 실천하다 보면 지구 온난화를 막는 데 작은 힘이 될 것이다.

2018년 여름 어느 일요일 아침. 일찍 일어나 책상 앞에 앉으니 뒷산 매미들이 합창을 했다. 매미 소리가 마치 소나기가 퍼붓는 소리 같았다. 귀가 아플 정도로 크게 들렸다가 점점 멀어지고, 또다시 세찬 소리로 반복되었다. 땅속에서 7~9년을 굼벵이로 살다가 간신히 매미가 되었는데 한여름 일주일을 살다가 죽어야 하는 운명이 슬퍼서일까? 매미는 자기의 존재를 온 대지에 알리기 위해 최고의 소리를 질러댔다. 그러나 그날 새벽에는 매미 소리도 시원한 바람소리처럼 들려왔다. 여름이 저물어가고 있었다.

입추를 지나 처서를 지나고, 무서운 태풍 솔릭도 지나면서 어느새 가을이 사람들 곁으로 다가왔다. 자연은 참 위대하다. 누가 가르쳐 주지 않아도 가야 할 때를 알고 와야 할 때를 안다. 잘난 척하는 오만한 사람들에게 조용히 일침을 놓는 것처럼 점잖게 가을이 오고 있었다.

숨 막히는 한여름 폭염을 보내고 이제는 살 것 같다는 안도감이 드는 가을을 맞이하며 '부모의 사랑도 자연 같아야 한다.'는 생각을 했다. 폭염처럼 숨 막히는 뜨거운 사랑이 아니다. 낮에는 적당히 더웠다가 아침저녁에는 시원한 바람을 불게 하여 낮에 흘린 땀을 식혀 주는 사랑, 더위를 잠시 잊게 하는 여유를 주는 사랑이 부모의 사랑이어야 할 것이다.

자식의 변화를 기다려주고 지켜봐주는 너그러운 사랑, 지나치게 요란한 사랑이 아닌 적절한 사랑이 필요하다. 적당한 온도로 적당한 거리에서 아이들이 스스로 할 수 있도록 묵묵히 지켜봐주는 사랑이 부모의 사랑이다. 물론 부모의 사랑은 가을날 풍성한 열매처럼 부족하지 않아야 한다. 장마철 날씨처럼 이랬다저랬다 하지 말고 가을의 파란 하늘처럼 한결같아야 한다.

　지나치게 더운 사랑은 아이들을 도망가게 하고 아이들을 질리게 만들 것이다. 가을이 다시는 우리 곁에 오지 않을 것 같은 불안감을 주는 더위가 아니라, 가을이 기다려지는 적당한 더위만큼의 사랑으로 아이들을 사랑하자.

5

# 나를 돌아볼 때 보이는 웃음

부모교육 재능기부를 다녀왔다. 직장을 다니는 어머니들이 많은 관계로 저녁시간에 부모교육을 했다. 부모님이 아이들의 등하원을 직접 해주는 곳이라 어린이집 앞 도로는 부모님의 차들로 복잡했다. 30분 일찍 도착하였지만 주차할 곳이 마땅하지 않아서 몇 분의 시간을 허비해야 했다.

허둥지둥 어린이집으로 들어온 나는 준비한 영상이 잘 되는지를 체크하고, 두 모둠으로 책상을 다시 배치하고, 준비해온 인쇄물을 책상에 놓고 어머니들을 기다렸다. 먼저 도착한 어머니들은 어린이집에서 준비한 차와 빵을 먹으면서 배고픔을 달래고 있었다. 부모교육을 신청한 어머니들이 모두 도착하기까지는 약속 시간보다 10분이 더 늦었다.

부모 교육의 주제는 '나를 돌아보기'였다.

"오늘까지 살아온 나의 삶을 되돌아볼 때 나는 어떻게 살았다고 말할 수 있을까요? 책상 위에 놓여 있는 사진카드 중에 한 장을 골라 나 자신을 표현해 보는 시간을 갖도록 하겠습니다."

어머니들은 자기의 삶을 대변할 수 있는 사진카드를 찾아서 자유롭게 한 명씩 발표를 했다.

"저는 서핑하는 사진을 선택했습니다. 사랑하는 남편을 만나 결혼을 하면 미스 때와는 달리 안정된 삶을 살 줄 알았습니다. 그런데 배 속에 아이가 먼저 생겨서 결혼을 하게 됐어요. 게다가 연년생을 혼자서 키우다 보니 너무 힘들어요. 엄마라는 삶이 마치 파도타기와 같습니다."

"저는 아기 사진을 뽑았어요. 남편을 닮은 아들을 낳고 싶었습니다. 그런데 딸을 낳았어요. '딸도 나와 같은 삶을 살겠구나. 나처럼 출산의 고통을 겪어야 하는구나.'라는 생각이 들더군요. 갓 태어난 딸을 보며 안쓰럽고 슬펐습니다. 하지만 지금은 내 삶의 모든 중심이 딸에게 있습니다. 딸에게 감사하고 공감하면서 딸과 행복한 나날을 보내고 있습니다."

"저는 비빔밥 사진을 골라 봤습니다. 지금까지 지내온 제 삶은 비빔밥과 같습니다. 처녀 때에는 주로 파스타나 스테이크 같은 종류의 음식을 예쁜 접시에 담아 먹었습니다. 하지만 결혼을 하고 엄마가 되어서는 모든 생활이 소박하게 변했습니다. 음식도, 시댁과의 관계도, 비빔밥처럼 함께 어우를 수 있는 사람으로 변했습니다. 그래도 비빔밥에 담긴 나물 한 가지 한 가지의 고유한 맛은 지니고 있으면서 함께 잘 어우러지게 살아가고 있습니다. 나의 삶은 먹음직스럽습니다."

"저는 가족사진 카드가 눈에 들어 왔어요. 저희 가족은 같은 방향을 바라봅니다. 마치 카메라를 바라보고 사진을 찍는 것처럼요. 저는 항상 가족들이 우선이고 전부입니다. 저는 가족과 함께 지내는 삶이 행복합니다."

"저는 오케스트라 사진을 선택했어요. 제가 지내온 삶은 오케스트라입니다. 진짜로 여러 가지 악기를 연주할 줄 압니다. 어릴 때부터 음악을 좋아해서 성악을 전공했습니다. 지금은 시립합창단에 소속이 되어 있고요. 울산으로 이사 오면서 소속 합창단까지 거리가 있다 보니 아이 키우는 일이 무척 힘들어졌습니다. 어린이집 재능기부 프로그램에서 아이들에게 노래를 가르쳐 주었는데, 아이들이 저를 알아보고 인사를 합니다. 뿌듯하고 기쁩니다. 지금 아이를 키우며 힘든 일은 음악으로 치유하면서 주어진 현실에 최선을 다하여 살고 있습니다. 다음 달에 있을 우리 동네 노래자랑에 나가려고 신청을 했습니다. 일등하면 상금이 백만 원이거든요. 물론 노래는 성악이 아니라 트로트를 부를 겁니다. 다음 주를 기다리는 설렘에 더욱 힘이 납니다."

"저는 숫자 3이 있는 사진을 골랐어요. 결혼 후 남편과 약속했습니다. 아이는 낳지 않고 둘이서 행복하게 살기로 말이죠. 몇 년 동안 둘만의 삶을 살다가 조카가 너무 예뻐서 우리 부부도 아이를 낳기로 했습니다. 그리고 지난 5년 동안 아이 셋을 낳았습니다. 지금은 아이

셋 키우느라 정신없이 힘듭니다."

"저는 의자 사진이 마음에 들어요. 저에게 지금 휴식이 필요하거든요. 결혼을 늦게 해서 세 살, 돌 지난 아이 이렇게 연년생을 낳았어요. 시댁과 친정이 멀어서 저를 도와줄 수 있는 사람이 아무도 없습니다. 혼자 두 아이를 키우다 보니 너무 힘이 들어 지쳐 있어요. 남편과 다투어서 말 안 한 지 오늘이 일주일째입니다."

"저의 삶은 모래시계와 같습니다. 모래가 다 내려오면 다시 거꾸로 세워서 시간을 채웁니다. 늦게 결혼을 해서 두 아이를 낳았는데 3학년과 일곱 살이에요. 두 아이를 키우는 것은 모래시계를 계속 돌려세우는 것같이 바쁜 나날들입니다."

"저는 블랙홀 사진이 제 마음 같아요. 제 삶은 엉망진창입니다. 네일아트를 열심히 배우다가 결혼을 해서 제 일을 그만두게 되었어요. 결혼해서 다른 공부를 시작했는데 아이가 생겨서 또다시 제가 하고 싶은 일을 하지 못했습니다. 도대체 나는 어디에 있는 건지, 내가 하고 싶은 것은 언제 할 수 있는 건지 저도 모르겠어요. 앞으로 영영 내가 하고 싶은 일을 못할 것 같습니다."

"저는 말을 타고 달려가고 싶습니다. 아이들이 4학년, 1학년, 다섯 살이에요. 내가 하고 싶은 것은 아무것도 할 수가 없습니다. 나는 존재하지 않는 것 같아요. 말을 타고 현실을 벗어나고 싶습니다."

"제가 고른 사진은 오리 가족 사진이에요. 저의 삶은 아기 오리 앞에서 길잡이가 되어 걸어가는 엄마 오리입니다. 엄마 오리를 따라 길을 걷는 아기 오리처럼 아이들은 저를 보고 성장하고 있으니까요."

어머니들은 발표를 하면서 대부분 울었다. 아이를 키워야 하는 엄마 노릇이 그만큼 힘든 것이다. 자신의 삶에 대해 발표하면서 어머니들은 스스로 답을 찾아가는 시간이 되었다.

"나만 힘든 것이 아니었어요. 모두 힘들게 살고 계시네요. 막내가 다섯 살이 되면 조금은 덜 힘이 들 테니 조금만 고생하면 되겠다는 생각도 들고, 아이 키워놓고 내가 하고 싶은 일을 할 수 있겠다는 용기도 생기네요."

교육 후 어느 어머니의 말씀에 다른 분들 모두 고개를 끄덕였다. '어머니'라는 같은 직업을 가졌기에 더욱 공감하고 소통할 수 있는 시간이었다.


엄마는 엄마에게서 태어났다. 엄마가 아이들 키우는 것이 힘들수록 자신의 엄마 생각이 난다. 그렇게 딸도 어른이 되어간다. "너도 너 같은 자식 낳아서 키워봐라."는 말은 아이 키우는 일이 쉬운 일이 아니라는 뜻이다. 부모가 되어봐야 부모 심정을 안다는 뜻이다.

엄마로서, 아내로서, 가족의 일원으로서 힘들어하고 행복해하는 것이 인생이리라. 자신을 돌아보며 자신의 희로애락 모든 것을 있는 그대로 받아들이게 될 때, 우리는 더욱 성숙한 어른의 모습을 지니게 될 것이다.

이 땅의 모든 어머니들이 다시금 한 발짝 나아갔으면 한다. 힘듦, 힘듦에서 비롯되는 그리움, 그리고 눈물. 이것들은 모두 삶의 일부다. 우리에게는 이들을 이겨낼 수 있는 웃음도 있다는 것을 기억해야 한다.

훗날 또 한 번 나를 돌아보았을 때, 나는 씩, 미소 짓고 있을 것이다.

6

어린이집 원장 못 하겠어요

후배 원장에게서 어제오늘 몇 번씩 상담전화가 온다. 학부모와의 소통이 힘들어서 조언을 구하고 싶다고 한다. 3세 반 남자아이 지민이가 친구를 자주 깨물어서 어머니들의 항의 전화가 많았는데 이제는 아버지들의 전화까지 온다고 한다.

학부모들은 깨무는 친구를 다른 반으로 보내든지, 자기 아이를 다른 반으로 옮겨주든지 이제는 더 이상 참을 수가 없으니 즉각적인 조처를 취해 달라 요청했다고 한다. 하지만 각 반 정원이 다 차서 학부모들의 요구대로 아이를 다른 반으로 옮길 수가 없는 상황이다. 설령 반을 옮긴다 해도 지민이가 다른 반에 가서는 친구를 깨물지 않을 것이라고 장담할 수도 없는 일이다.

부모들은 아이들이 다투기도 하면서 큰다는 것을 잘 안다. 아직 자신의 의사를 말로 표현할 수 없는 시기이기에 서로 이해를 하고

내 아이가 남에게 방해가 될 때에는 단호하게 훈육해야 한다.
엄마, 아빠가 무섭다고 느낄 만큼 단호하게
훈육해야 다시는 그런 행동을 하지 않는다.
부모의 기준으로 아이를 사랑하는 어리석은 부모가 되지 말자.
내 아이를 두둔하기 위해 교사나 다른 사람을 탓하기 전에
다시 한 번 깊이 생각해 보는 부모가 되었으면 한다.

넘어간다. 하지만 얼굴이나 몸에 상처가 나면 대부분 부모들은 언짢아하고 많이 속상해 한다.

입장 바꾸어 생각하면 이해는 간다. 매일 친구에게 물린 채 하원하는 아이 부모의 속상한 마음은 말로 다 할 수 없을 것이다.

담임선생님은 지민이 어머니와 여러 차례 상담을 했다. 가족들과 지낼 때 지민이가 깨무는 행동을 하면 단호하게 훈육을 해달라고 부탁을 했다.

지민이 어머니는 담임선생님의 부탁을 불만 없이 받아들였다.

"잘 알겠습니다. 집에서는 그러지 않는데요. 어떻게 하면 좋을지 고민해 보겠습니다."

어린이집에서는 사실 아이들에게 단호한 훈육을 하기 어렵다. 아이가 집에 가서 선생님이 무섭다며 어린이집에 가기 싫다고 하기 때문이다. 늘 상냥하고 예쁘게 말하는 선생님이 아이를 호되게 훈육하면 자기를 미워한다고 여긴다. 심지어는 체벌이 없었는데, "때찌 때찌." 때렸다고 표현하기도 한다. 자기의 행동이 잘못되어서 꾸중 듣는다는 것을 아직 모르는 시기이고, 잘못을 안다 해도 자신을 나무라는 선생님이 싫은 것이다.

부모는 아이가 하는 말을 그대로 믿고 선생님의 자초지종 설명에도 아랑곳없이 CCTV를 보여 달라고 하기도 한다. 그 순간 교사는 부모에게 의심의 대상이 되어버린다. 어린이집에 대한 믿음도 깨지고 만다.

CCTV 확인 후 문제 상황이 없었던 것으로 밝혀지고 나면 거의 대부분의 부모는 어린이집을 그만둔다. 교사를 믿지 못한 미안함에 더 이상 교사와 학부모의 관계를 지속할 수 없는 것이다. 어떤 부모는 CCTV 영상에서 의심되는 점을 발견하지 못하면, 평소에 아동학대 정황이 있었으니 두 달치 영상을 조사해 주길 의뢰하기도 한다. '하나라도 걸려들어라' 하는 마음인 것이다.

이런 이유들로 단호한 훈육은 부모에게 부탁을 하게 된다. 친구들에게 계속 피해를 주고 행동 수정이 되지 않으면 지민이는 아직 또래와의 단체생활을 함께할 수가 없다. 지민이는 아직 일대일 보육이 필요한 것이다.

외동인 지민이가 엄마, 아빠와의 관계에서 갈등이 없으니 당연히 집에서 부모님을 깨물 일은 없었을 것이다. 동네 놀이터나 놀이공원에서 놀 때도 전혀 그런 일이 없었다고 했다.

한번은 지민이 아빠가 후배 원장에게 전화를 걸어왔다고 한다.

"나쁜 행동 바르게 가르쳐 달라고 어린이집에 보냈는데, 우리 보고 어쩌라는 겁니까? 결론은 어린이집에 보내지 말라는 거네요. 내가 곱게 그만둘 것 같습니까? 내가 가만히 안 있습니다. 3월 달에 우리 지민이 깨물었던 아이의 엄마, 아빠도 나에게 사과하라 하세요. 왜 우리만 다른 부모에게 사과해야 합니까?"

고래고래 고함을 지르더니 전화를 끊어버렸다고 한다.

다음 날 아침 지민이 아빠는 어린이집에 직접 찾아와 거칠게 항의했다고 한다.

후배는 울먹이며 내게 하소연했다.

"원장님, 어떻게 해요? 지민이 부모님께 도움을 요청했다가 일이 이렇게 되어버렸습니다. 어린이집 원장 못 하겠어요."

지민이 부모님은 일대일 양육보다 어린이집을 계속 보내고 싶어 하는데, 친구들을 힘들게 하는 지민이의 행동에는 변화가 없었다. 빠른 시일 내에 보조교사를 채용해서 지민이를 따로 돌볼 수 있도록 조처를 취할 수밖에 없는 상황이었다. 예산에 없던 보조교사 인건비를 지출해야 하는 것이 걱정이지만 다른 친구들에게 방해가 안 되도록 일대일 보육이 필요한 지민이를 위해서 어쩔 수 없는 노릇이었다.

교육이란 부모가 막무가내 고함을 지른다고 해결되는 것이 아니다. 물론 어린이집에서 아이들 교육을 책임지고 있다. 하지만 가정에서 어린이집과 일관된 교육으로 도와주지 않는다면 6개월이 아니라 1년이 지나도 아이의 행동 수정은 되지 않는다. 엄마 아빠 앞에서는 해도 되는데 어린이집에서는 하면 안 되는 행동이라고 선생님이 말한다면 어떨까? 약속과 규칙의 일관성이 없다 보니 제대로 된 교육이 될 수 없다.

부모님이 퇴근해서 지민이와 어떻게 저녁 시간을 보내느냐가 무척 중요하다. 일하는 엄마와 하루 종일 떨어져서 장시간 어린이집에서 지내다 보면 아이는 엄마의 사랑을 갈구하고 자기를 무조건 지지해주는 자기편이 되기를 바란다. 엄마는 퇴근 후 지민이를 만나면 엄마와 하고 싶은 것이 무엇인지부터 물어보아야 한다.

엄마 손을 잡고 집으로 가는 길에 지민이가 놀이터에서 놀고 싶어 하면 10분이라도 열심히 놀아야 한다. 짧은 시간이라도 엄마가 핸드폰을 보거나 다른 데 시선이 가 있으면서 지켜보는 척하고 대답만 하면 안 된다. 지민이가 놀이터에서 어떻게 노는지 행동 하나하나를 지켜보고 반응해주어야 한다. 놀이터에서 또래 친구를 만나면 지민이가 어떻게 행동하는지도 살펴보아야 한다.

"이야! 우리 지민이 혼자서 미끄럼 잘 타네. 거꾸로 올라가면 내려오는 친구와 부딪치니까 계단으로 올라가야지."

이렇게 칭찬과 교육도 함께하면서 말이다.

집에 도착해서 저녁식사를 준비하는 시간에 만화 영화를 틀어놓거나 지민이 혼자 놀도록 두지 말아야 한다. 그렇다고 퇴근하자마자 엄마가 할 일을 잠시 미루고 지민이랑 놀아야 한다는 말은 아니다. 따로 놀아주기 보다는 식사 준비할 때 지민이가 엄마 곁에서 장난감이나 식재료를 가지고 놀게 하면 된다. 지민이가 말할 때는 눈을 맞추고 대꾸해 주고 지민이가 행동할 때는 즉각적으로 반응해야 한다. 저녁식사를 준비하는 시간에도 지민이와 계속 대화하면서 아이가 엄마와 함께 있다는 것을 느낄 수 있도록 해야 한다.

엄마에게 듬뿍 사랑받고 있다는 믿음을 가지게 되면 친구에게 짜증도 적게 내게 된다. 나를 끔찍하게 사랑하는 엄마가 있으면 지민이의 자존감도 높아지는 것이다.

아빠 역시 마찬가지다. 퇴근해서 오면 단 10분이라도 즐겁게 깔깔대면서 몸을 부딪쳐 땀 흘리며 놀아야 한다. 아빠와 함께 목욕할 때는 비누질로 거품 놀이를 하거나, 물 위에 뜨는 장난감으로 놀이를 하면서 씻으면 좋다. 아빠의 관심과 사랑이 지민이에게 전달되어 정서적 안정은 물론 어휘력 발달에도 많은 도움이 된다.

호기심이 많고 에너지가 많은 아이일수록 충분한 놀이를 통하여 에너지를 발산하도록 적절한 시간과 환경을 마련해주어야 한다.


내 아이가 남에게 방해가 될 때에는 단호하게 훈육해야 한다. 엄마, 아빠가 무섭다고 느낄 만큼 단호하게 훈육해야 다시는 그런 행동을 하지 않는다. 아파트 놀이터나 키즈 카페에서 내 아이가 아무 이유 없이 다른 친구를 때리거나 괴롭힌다면 그 자리에서 눈물이 쏙 빠지도록 꾸지람을 하자. 그리고 상대 친구에게 미안하다고 사과하도록 가르치자. 그래야 사랑하는 내 아이가 친구들에게 사랑받고 함께 어울려 놀 수 있는 어린이로 자랄 수 있다.

내 아이가 다른 친구를 때리거나 잘못했을 경우 보통의 부모는 강도 약하게 훈육을 하는 척만 한다. 부모는 본능적으로 자기 자식에게 관대하고 이기적이기 때문이다. 상대방 부모가 "괜찮아요. 그만 혼내세요."라고 말할 정도의 훈육이 필요하다. 반대로 내 아이가 이유 없이 다른 친구에게 맞았을 경우를 생각하면 훈육을 아껴서는 안 된다. 부모님의 훈육은 아이가 자라는 동안 올바른 인성의 뿌리가 되어 줄 것이다.

만약 아이가 찻길에서 뛰어다니며 장난을 친다면 부모들은 어떻게 하는가? 엄청 호되게 아이를 훈육할 것이다. 생명과 직결되는 위험한 행동이기 때문이다. 남에게 피해를 주는 행동에도 위험한 행동만큼의 훈육이 필요하다. 세 살 지민이가 친구를 깨무는 것에 대해 단호하게 훈육을 했더라면 빨리 행동 수정이 되었을 것이다.

입학해서 학기 초 서로 적응하는 시기에 아이가 친구들에게 피해를 주는 행동을 했을 때 교사는 부모에게 상황을 이야기하고 도움을 요청한다. 교사의 말에 귀 기울여 가정에서 함께 도와준 부모의 아이와 "아이들이 놀다보면 그럴 수도 있죠." 하고 선생님의 말을 흘려듣는 부모의 아이는 3개월이 지나면 차이가 난다. 귀하고 소중한 내 아이를 사랑하는 만큼 남에게 피해를 주거나 위험한 행동을 할 때에는 단호하게 훈육하는 부모가 되어야 한다. 훈육도 자식 사랑이다.

부모의 기준으로 아이를 사랑하는 어리석은 부모가 되지 말자. 내 아이를 두둔하기 위해 교사나 다른 사람을 탓하기 전에 다시 한 번 깊이 생각해 보는 부모가 되었으면 한다.

'나는 아이에게 옳고 그름을 얼마나 잘 가르치고 있는가? 단호한 훈육을 하고 있는가?'

**7**

발끝이 아이를 향하도록

며칠 전 대구에 교육을 다녀왔다. 동대구역에서 울산행 KTX를 기다리다가 몹시 언짢은 모습을 보았다. 다섯 살쯤 먹은 남자아이가 세상에서 가장 사랑스러운 눈빛으로 입가에 미소를 머금은 채 엄마를 바라보고 있었다. 엄마에게 무언가를 이야기하려고 하는 눈빛이었다. 그 아이의 생글생글 웃는 모습이 나의 입꼬리까지 올라가게 하기에 무슨 이야기를 하는지 들어보려고 계속 눈길을 주었다.

엄마와 아이는 역 대합실 의자에 마주 보고 앉아 있었다. 그런데 엄마는 아무 표정 없는 얼굴로 핸드폰만 계속 들여다보고 있었다. 아이는 엄마가 눈을 맞출 때까지 마치 사랑하는 연인을 바라보듯 엄마 눈을 바라보고 있었다.

아이와 엄마를 한참 번갈아 바라보다가 갑자기 욱, 하고 화가 치밀어 올랐다.

'아주머니, 당신의 아이를 보세요! 사랑이 가득한 눈을요! 지금 무언가를 이야기하고 싶어서 엄마 눈만 바라보고 있잖아요! 핸드폰만 들여다보지 말고 아이를 좀 바라보세요. 혹시, 엄마 아닌가요?'

나는 이렇게 말하고 싶었지만,

'무슨 상관이에요!'

그 엄마가 대뜸 화를 내거나 심하게 언성을 높일까 봐 아무 말도 하지 못했다.

'내가 너무 나이 들었나? 유아교육 현장에 오래 있다 보니 밖에서도 아이들에게 신경 쓰지 않는 엄마를 보면 분노가 치밀어 오르는 것인가?'

나는 이런 생각을 하며 쓸쓸히 미소 지었다.

기차 시간이 다 되어 플랫폼으로 내려갈 때까지 나는 그 사랑스러운 눈빛이 엄마에게 무엇을 말하는지 들을 수가 없었다. 수수한 옷차림에 똘망똘망 빛나던 그 아이의 눈빛을 지금도 잊을 수가 없다.

이야기할 때 서로 눈을 마주 보는 것은 '네 이야기에 집중하고 있어'라는 의미이다. 눈을 마주 보고 이야기하는 것은 대화의 기본 태도이고 서로에 대한 존경이고 예의다. 어떤 관계에서도, 어른과 아이의 관계에서도 예외는 있을 수 없다.

대학원 수업 때 교수님이 그랬다.

"아이가 부르면 고개만 돌리지 말고 발끝이 아이를 향하도록 하세요."

이 말은 아이가 부르면 대답만 하지 말고 아이를 향해 몸을 돌려

발끝이 아이를 향하게 하고 아이 눈을 바라보라는 뜻이다. 진심을 다해 아이의 마음이 하는 말을 들어야 한다는 뜻이다.

엄마들은 흔히 그런다.

"왜? 엄마 지금 바쁘잖아! 나중에 얘기해!"

"엄마 듣고 있으니까 얘기해봐!"

그러고는 하던 일을 계속한다. 아이에게 귀만 내어주는 것이다. 아이의 부름에 어머니의 반응이 이러하면 아이는 점점 엄마와 대화하기를 꺼려하게 된다. 질문도 줄어들게 되고, 자신감과 자존감마저 떨어지게 된다. 반대로 어머니의 사랑과 관심을 듬뿍 받으며 자란 아이들은 자기 의사표현도 잘하고 자기애가 강한 아이로 성장한다.

갓난아기가 울 때 얼른 달려가지 않으면 엄마가 올 때까지 아기는 울어댄다. "엄마, 빨리 와 보세요. 지금 내가 불편해요." 하고 울음으로 말하는 것이다.

아기가 울기 전에 아기의 상태를 미리 살펴볼 수 있는 엄마라면 최고의 엄마이다. 한두 번 울 때 달려가는 엄마도 양호하다. 하지만 아기가 기를 쓰고 크게 울어야만 기저귀가 젖었는지, 배가 고픈지를 살펴보는 엄마는 문제가 있다. 그런 엄마 손에 자란 아기는 영유아기 때도 큰 소리로 떼를 쓰면서 운다. 약하게 울면 엄마가 빨리 달려오지 않으니 울음의 강도를 크게 해야 한다는 것을 습득했기 때문이다.

아이의 말에 귀 기울이지 않고, 아이와 자주 눈을 마주치지 않고, 자주 안아주지는 않으면서 예쁜 옷 입힌 아이 사진을 찍어 SNS에 올리기에만 급급한 엄마들이 있다. 본인이 어렸을 때 인형 옷 같아입히기 놀이를 하듯이 말이다. 남에게 행복하게 보이기 위해 애쓰는 엄마들은 누군지도 모르는 사람들에게 간접적으로 자랑을 하고 있는 것이다. '아기 옷 얼마 주고 샀다!', '어디에서 샀다!', '해외직구 했다' 등을 자랑하며 자기만족에 젖는 것이다. 아이는 인형으로 만들어놓은 채.

이런 엄마들이 꼭 나쁘다는 이야기는 아니다. 다만 우선순위를 바꾸어야 한다. 남에게 보여주기보다 내 아이가 원하는 것이 무엇인지를 먼저 챙기는 엄마가 되었으면 한다.

아이들이 바라는 것은 인형놀이의 주인공이 아니다. 자기 말에 귀 기울이고 어떤 감정으로 무엇을 말하고 싶어 하는지 마음까지 읽어주는 엄마를 바란다. 한 번 더 안아주는 엄마, 무슨 장난감을 좋아하고 어떤 놀이를 가장 좋아하는지 관심 갖는 엄마, 오늘 만든 블록이 어제 것과 무엇이 다른지 아는 엄마, 오늘 놀이하는 방법이 어제와 어떻게 다른지를 금방 알아차리는 엄마. 아이들은 이런 엄마를 기대한다.

학부모 중에 이렇게 말하는 엄마가 있었다.

"원장님, 저는 애기 안 좋아해요. 그래서 내 아이 예쁜 줄도 모르겠고 정이 안 가요. 남편이 매일 딸들 머리를 감기는데 거제도로 출장을 가서 이제는 아이들을 어떻게 씻기죠?"

"아빠가 안 계실 때는 어머님이 씻기셔야죠."

"내 말 안 듣는단 말이에요. 머리 감기는 거 정말 힘들어요. 그럼 내 청춘은 어디 가서 보상 받나요?"

세 살, 다섯 살, 두 딸을 둔 엄마가 직접 아이를 씻겨야 한다는 말에 청춘을 보상받고 싶다 하니, 잘못 들은 것은 아닌지 두 귀를 의심했다. 엄마가 한 이 말뜻을 아이가 알아듣는다면 어떤 기분이 들겠는가.

언니를 따라 입학한 세 살 아이는 등원한 첫날 엄마를 찾아 많이 울었다. 평소에 아침마다 언니가 타고 가는 노란 승합차를 보고 빠이빠이 인사를 하던 아이. 그래서 가방 메고 언니를 따라 어린이집 차를 타고 신나게 첫 등원을 했다. 어린이집 차를 탈 때는 신기하기도 하고 어리둥절하기도 하고, 또 언니랑 함께 있어서 몰랐는데 어린이집에 도착해서 보니 알게 된 것이다. 엄마와 떨어졌다는 사실을.

엄마를 찾으며 울기 시작한 아이는 아무리 달래도 그치지 않았다. 처음 보는 낯선 얼굴들만 있으니 무리가 아니었다. 나는 하는 수 없이 아이를 업고 달랬다. 아이는 등에 업혀서도 눈물범벅이 되어 흐느껴 울었다. 문득 어린이집 안 가려고 떼를 쓰며 울던 우리 집 둘째 아이 생각이 떠올라 내 마음도 아려왔다.

나는 어머니에게 전화했다.

"어머니, 동생이 너무 많이 울면서 엄마를 찾아요."

어머니는 잠시 후에 데리러 오겠다고 했다. 하지만 아이가 울다 지쳐서 낮잠까지 자고 난 오후 4시가 넘어서야 데리러 왔다. 언니 따라 등원한 첫날인데 걱정도 안 되었는지, 어디서 무엇 하다가 이렇게 늦은 시각에 왔는지 도저히 이해할 수가 없었다.

남녀가 만나 사랑을 하고 부부가 되고 사랑의 결과로 엄마가 된다. 만약 아직 부모가 될 준비가 안 되었을 때 임신을 하게 된다면 태교부터 시작해야 한다. 그냥 아이를 낳았다고 좋은 엄마, 좋은 아빠가 저절로 되는 것이 아니다. 시간만 가면 되는 것도 아니다. 지혜로운 부모가 되기 위해서는 많은 노력이 필요하다.

　갖고 싶은 자동차를 샀다면 운전 하는 법을 배워야 하고, 클래식 기타를 샀다면 연주법을 배워야 하듯이 아이를 낳았으면 좋은 부모 되기를 공부해야 한다. 바람직한 양육환경을 갖추기 위해, 좋은 양육자가 되기 위해 노력해야 한다.

　"아이가 부르면 고개만 돌리지 말고 발끝이 아이를 향하도록 하세요."

　이 말을 늘 가슴에 새기는 부모가 되기를 바란다. 아이가 어른이 되어 부모 품을 떠날 때까지 좋은 부모 되기를 연습하고 실천하는 부모가 되었으면 한다.

8

집밥으로 가르치기


"아내의 이상형이 어떻게 되나요?"

"제 이상형은 요리 잘하는 여자입니다. 제 어머니는 음식 솜씨가 너무 없어서 제 아내 될 사람은 다른 것은 보지 않고 요리만 잘하면 됩니다."

텔레비전 모 프로그램에서 이상형에 대한 진행자의 질문에 자신의 생각을 씩씩하게 대답하는 젊은이를 보았다. 어떻게 다른 면은 보지 않고 요리만 잘하면 된다고 하는지 이해하기 힘들었다. 두 사람이 만나 평생을 부부로 살아가려면 성격, 가치관, 취미, 관심분야 등등 여러 가지 것들이 서로 맞아야 하기 때문이다.

결혼하기 전까지 함께 살았던 친할머니는 늘 이런 말을 했다.

"아내가 음식 솜씨가 좋으면 남편이 일찍 퇴근한다."

가정을 꾸리는 시간이 더해갈수록 할머니의 그 말이 무슨 뜻이었는지 점점 더 이해할 수가 있었다. 나의 음식 솜씨는 보통이다. 그래도 가족들에게 어떤 음식을 해 주면 맛있게 먹을 수 있을지 항상 고민한다. 정성스레 준비한 음식을 가족들이 맛있게 먹는 모습은 음식 준비에 들인 시간과 수고의 피곤함을 싹 가시게 한다.

어린 시절 밖에서 친구들과 한참을 뛰어놀다 어둑어둑 해가 질 무렵이면 엄마들이 저녁 먹으러 오라고 동네가 떠나가게 친구들의 이름을 불렀다. 우리 엄마는 큰 소리로 우리 이름을 부르지 않았지만 친구들이 하나둘 집으로 갈 때면 우리는 놀이를 마무리 하고 집으로 향했다. '늦게까지 뛰어놀아서 엄마에게 혼나면 어떡하지?' 하고 마음 졸이며 두 남동생을 이끌고 집으로 뛰어갔다.

엄마가 금방 상차림을 끝낸 저녁밥은 배고픈 우리들을 금방 달려들게 만들었다. 일곱 식구가 둘러앉은 밥상은 늘 북적이고 비좁았다. 갓지어서 뜨거운 밥을 호호 불며, 왼손에는 커다란 무김치를 젓가락에 꽂아서 들고, 구수하고 뜨거운 된장찌개를 조심스레 떠먹던 기억이 지금도 생생하다. 그 맛도 여전히 살아 있다.

짜장면이 무엇인지 모르던 시절, 엄마는 집에서 짜장면을 만들어 주었다. 도시락 반찬을 싸줄 때는 똑같은 반찬을 넣어주지 않았다. 배추김치 한 가지를 가지고도 하루는 기름에 볶아서, 하루는 고소한 참기름에 무쳐서 늘 다른 맛으로 준비했다. 가끔 갖은 양념으로 무친 단무지 김치는 별미였고, 매일 똑같은 김치를 싸오는 친구들의 부러움을 사곤 했다.

엄마의 밥상과 도시락은 가족을 향한 사랑이고 비타민 같은 영양

제였다. 집밥은 어머니의 향기이며 어머니의 추억이고 그리움이다.

어머니가 돌아가신 그다음 해부터 남동생 둘은 누나인 나의 생일을 축하해주기 위해 우리 집으로 찾아온다. 누나를 보고 어머니의 빈자리를 대신하려는 동생들의 마음을 말하지 않아도 잘 안다. 더운 여름날 누나가 고생한다며 동생들은 외식을 하자고 한다. 하지만 난, 어머니의 손맛을 기억하는 대로 여러 가지 음식을 준비한다. 빨간 소고기무국, 강된장, 고구마줄기볶음, 꽈리고추찜, 멸치고추장무침 등등 동생들이 어머니에 대한 그리움을 음식으로나마 달랠 수 있도록 기쁜 마음으로 준비한다. 함께 식사를 하면서 어머니를 추억한다.

무더운 여름날인데도 해마다 시간을 내어 찾아와 누나생일을 축하해주는 동생들이 있어서 힘이 난다. 어머니 생각에 더욱 가슴이 아려오기도 하지만 그래도 셋이 모여 도란도란 이야기를 나누고 함께 음식을 먹으면서 '가족이란 이런 거구나!' 위로를 받는다.

'SBS 스페셜 밥상머리의 작은 기적, 집밥의 힘'이라는 영상을 보면 아이를 키우는 어머니에게 많은 도움이 된다. 폭력적인 아이가 평소에 먹던 음식을 관찰해 보았더니 인스턴트 식품, 기름진 음식, 탄산음료가 많았다.

'집밥으로 크는 아이, 외식으로 크는 아이'라는 텔레비전 프로그램에서는 집중력, 인내심, 폭력성, 학습장애, 과잉행동, 비만, 아토피성 피부 등 많은 요인들이 먹는 음식에 있다고 했다. 부모가 아이들에게 먹이는 음식의 종류는 아이들의 행동, 성격, 두뇌발달에 많은 영향을 준다는 것을 알 수 있었다.

어렸을 때부터 밥하는 엄마의 뒷모습을 보고 자란 아이와 그렇지 않은 아이를 비교해보면 성격형성에도 많은 차이가 있다. 가족을 위해 밥하는 엄마의 뒷모습은 가족에게 나누어 줄 따뜻한 사랑을 준비하는 모습이다. 온 가족이 모여 앉아 함께하는 식사는 매우 중요하다. 식사 자리는 가족 간 소통의 장이기 때문이다.

가족이 함께 식사 준비를 하는 것도 무척 중요하다. 어렸을 때부터 아이들을 식사 준비에 참여시켜야 한다. 보통의 한국 가정에서는 늘 식사 준비를 하는 사람은 엄마이다. 아이들과 아빠는 식사 준비가 다 될 때까지 놀이를 하거나 티브이를 보거나 자기 일을 하면서 밥 먹을 시간을 기다린다. 이런 풍경은 더 이상 아름답지 않다.

엄마가 수제비 요리를 한다면 아이들에게는 다른 그릇에 밀가루를 나누어주고 엄마 옆에서 반죽 놀이를 하며 놀도록 해보자. 밀가루가 날려서 청소하기는 힘이 들지만 아이들은 점토나 클레이 놀이보다 엄마 옆에서 하는 밀가루 반죽놀이를 더 좋아한다. 수제비는 밀가루로 만드는 음식이라는 것을 알게 되며, 반죽놀이에 함께 참여했기에 엄마가 준비한 음식도 맛있게 잘 먹는다.

배달음식, 패스트푸드, 과자, 음료수 같은 것을 적게 먹이도록 하자. 온 가족이 함께 장보기를 해보자. 아이들은 엄마를 따라 장난감을 구경하러 마트에 가기도 하지만 제철음식과 식재료에도 관심을 가질 것이다. 빨강, 노랑, 초록 등 여러 가지 컬러 푸드를 먹을 수 있도록 자연에서 얻은 야채와 과일도 준비해보자. 자연식 먹을거리를 많이 먹을 수 있도록 의도적으로 노력하다 보면 아이들의 편식 예방에 도움이 될 것이다.

나는 마트에 어린이집 간식을 사러 갔다가 제철에 나는 신선한 콩이 보이면 꼭 사 가지고 온다. 아침 자유놀이 시간에 어린이집 아이들이 직접 콩깍지를 까보도록 하고, 점심밥을 할 때 조금씩 올려서 콩밥을 한다. 평소에도 항상 잡곡을 조금 섞어서 밥을 한다. 아이들은 오전 자유놀이 시간에 자기들이 가지고 놀았던 콩이 밥에 섞여 나온 것을 보고 좋아한다. 콩을 안 좋아하는 아이들도 선생님을 따라 조금씩 호기심을 갖고 먹게 된다.

시금치나 부추, 콩나물 다듬기도 아이들의 눈과 손의 협응력을 키우는 신나는 놀이도구이다. 나물 다듬기를 도우며 엄마와 식사 준비를 하다 보면 아이는 안 먹던 나물 종류에 조금 더 관심을 갖게 되고, 자신이 직접 다듬었기에 평소보다 더 잘 먹는다.

마늘 빻기를 할 때도 아이들과 함께한다.

"마늘 한 쪽 넣어주세요. 이제 두 쪽을 넣어주세요."

이런 말도 곁들이면 자연스레 숫자 세기 교육도 된다. 아이에게는 엄마를 도우면서 즐겁게 공부도 하는 특별한 시간으로 남는다.

온 가족이 함께 장을 보고 식사 준비를 하다 보면 저절로 집밥을 자주 먹게 된다. 집밥은 편식을 예방하게 되고 아이의 미래 건강에도 도움을 준다. 가족들과 함께 밥을 먹으며 소통하는 밥상머리 교육은 좋은 인성의 바탕이 되고 소중한 추억이 될 수 있다. 아이들에게 좋은 것만 주고 싶은 부모의 마음을 집밥의 힘으로 실천해보는 하루하루가 되기를 바라본다.

## 스트레스를 날리는 재롱발표회

　지난해 TV 모 프로그램에 어느 유치원 교사들이 아이들에게 강압적으로 발표회 연습을 시키는 영상이 보도 되었다. 경악을 금치 못한 부모들은 인터뷰에서 아이들의 발표회를 반대한다고 강하게 주장했다. 발표회를 준비하는 동안 아이들이 스트레스를 받을까봐 걱정이 된다고 했다. 무대 위에서 칼군무처럼 똑같이 율동하는 아이들의 모습이 교사들의 강압적인 지도의 결과이기에 아동학대라는 의견이 많았다. TV에 보도된 영상자료를 보면 모든 부모가 그렇게 생각할 수도 있을 것이다. 하지만 유아교육 현장에 근무하는 사람으로서 꼭 그렇지만은 않다는 것을 말하고 싶다.

　여하튼 유아교육 현장에서 발표회 목표를 어디에 두는가가 중요하다. 아이들 모두가 똑같은 모습으로 통일감 있게 잘하는 모습을 보여주려고 하기보다는 각자의 모습대로 아이다운 모습을 보여주려고 한다면 아이들에게 스트레스를 주기보다 즐거운 축제가 될 것이다. 부모에게 아이들이 발표회를 완벽하게 하는 모습을 보여주려고 욕심을 부리다 보면 강압적인 제제를 하지 않을 수 없을 것이다. 원장이나 담임이 조금만 욕심을 버리면 된다.

해마다 우리 어린이집에서는 재롱발표회를 한다. 11월 말이나 12월 초에 발표회를 하는데, 1년을 마무리하는 송년회 잔치처럼 가족들을 초대해서 흥겨운 시간을 갖는다. 아이들은 평소 음악을 들으며 하던 모습을 부모님 앞에 그대로 보여주면 된다. 예쁜 옷을 입고 무대에 서기만 하면 된다.

교실에서는 잘하다가 막상 발표회 날 무대 위에서는 부끄러워서 율동을 하지 않는 아이가 가끔 있기도 하다. 가만히 서 있기도 하고 울기도 한다. 아이들이 부끄러워서 서 있어도 예쁘고 울어도 예쁘다. 그래서 아이들이다.

우리 어린이집에는 3·4·5세 반이 있다. 어린이집에서는 모든 부모에게 아이가 발표회 당일 부끄러워서 못할 수도 있다고 미리 공지를 한다. 그래도 괜찮다는 부모가 있고, 그러면 무대에 세우지 않겠다는 부모도 있다. 부모님 의견에 따라 함께 연습은 하지만 발표회에 참석하지 않는 아이도 한둘 생긴다.

하지만 올해 부끄러워서 율동을 하지 않고 서 있기만 했던 아이는 다음 해에는 어김없이 적극적인 모습으로 무대를 장악한다. 2년 동안 무대 위에 가만히 서 있던 아이는 아무도 없었다.

우리 어린이집에서는 재롱발표회 연습을 이렇게 한다.

1. 평소 아이들에게 많은 음악을 자유롭게 들려준다.
2. 아이들이 가장 좋아하는 곡을 정한다.(동요, 영어노래, 유행가, 수화곡 등 장르가 다양하다.)
3. 좋아하는 곡을 계속 들려주면 아이들은 엉덩이를 들썩이고 콩콩 뛰면서 자연스럽게 음악에 따라 몸을 움직여 신체표현을 한다.
4. 담임은 아이들의 움직임을 유심히 관찰하여 안무를 짠다.
5. 음악을 틀어놓고 교사가 완성한 율동을 짬짬이 체조삼아 한다.
6. 율동이 익숙해지면 교실 바닥에 테이프로 줄을 긋고 한 줄로 서서 자리를 정해 음악 체조를 한다.


평소 자유놀이 시간에 발표회 음악을 틀어놓고 신나게 놀다 보면 익숙해진 음악과 율동에 친구들과 깔깔 웃으며 즐거운 시간을 보낸다. 서로 자리가 바뀐 것도 알고 가르쳐 준다. 아이들은 점점 자신감이 커진다.

유아교육은 아동 중심의 교육이다. 아동의 흥미와 발달에 기초하여 교육이 이루어진다. 아동 중심이 아닌 교사 중심, 어른 중심이 되다 보면 어른들의 욕심이 들어가게 된다. 욕심내지 않고 아이들이 하는 만큼만 보여드리면 된다. 아이들이 부모님을 비롯한 많은 사람들이 바라보고 있는 무대 위에서 율동을 하고 노래를 부를 수 있는 경험의 기회는 극히 드물다. 발표회는 새로운 것에 도전하는 출발점인 셈이다.

발표회가 끝나면 아이들은 한 달 정도 축제 분위기가 계속 이어진다. 자기 반 안무가 아니어도 다른 반이나 다른 연령이 발표했던 곡을 기억하고, 노래 부르며 춤추고 즐거워한다.

5세 반 아이들은 부모님이 와서 기쁘고 설레었던 마음을 앞다투어 꺼내놓는다. 서로를 칭찬하고 자랑하면서 이야깃거리가 많아지게 된다.

"선생님 발표회 또 언제 해요? 예쁜 옷 입고 발표회 하고 싶어요."

무대에 서는 자신감이 생긴 것이다. 그 자신감과 성취감은 무엇과도 바꿀 수 없는 소중한 경험이다. 이게 다가 아니다. 친구들과 호흡을 맞추어 연습하면서 늦게 안무를 익히는 친구를 기다려 줄줄 아는 배려와 존중도 배우게 된다.

부모는 아이들의 어릴 적 예쁜 추억들을 다 기억하지 못한다. 아이들의 세 살, 네 살, 다섯 살의 시간들은 다시 오지 않는다. 그래서 부모님을 초대하고 발표회를 하는 것이다. 그 시기에만 볼 수 있는 예쁜 추억은 사진이나 영상물로 보관하는 것이 좋다.

우리 집 아이들은 어릴 적 발표회 영상을 너무 많이 보아서 비디오테이프가 모두 손상되었다. DVD나 USB에 옮겨 담아서 아이들이 영구히 보관하도록 물려주려고 한다. 어린 시절의 발표회 영상은 육아일기만큼 소중한 내 아이의 역사이기 때문이다.

해마다 발표회 시작 전에는 시상식을 한다. 일하는 부모를 대신해서 아이들을 키워주시는 할머니, 외할머니에게 '훌륭한 할머니 상'을 드린다. 예쁜 케이스에 상장을 넣고 상품으로 영양제를 준비해서 드린다. 손자 손녀 돌보느라 노고가 많기에 건강에 조금이나마 도움을 드리기 위해서 준비하는 선물이다. 예상하지 못했던 시상식에 할머니들은 당황해 하면서도 무척 좋아한다.

2018년에는 육아휴직을 해서 엄마 대신 아이들의 양육을 책임지고 있는 아빠에게 '훌륭한 아버지 상'을 드렸다. 어린이집 행사가 있을 때마다 도우미로 참석해서 가장 많은 시간 봉사한 어머니 두 분에게는 '훌륭한 어머니 상'을 드렸다. 다른 해에 비해 2018년에는 상을 받은 분이 더 많았다.

발표회를 마치고 행사장 앞에 서서 인사를 드릴 때면 할머니들이 두 손을 꼭 잡고 이야기한다. "아이고, 저 어린것들 데리고 수고가 많았습니다. 오늘 이렇게 할머니 할아버지도 초대해 주시고 정말 고맙습니다."

"원장님, 오프닝 무대부터 줄곧 눈물이 났습니다. 언제 저만큼 컸을까요? 우리 아이들의 추억을 함께할 수 있도록 발표회 준비해 주셔서 감사합니다."

"원장님 정말 존경합니다."

이 행복한 행사는 두 아이의 엄마 노릇을 먼저 해 보았기에 가능했던 것이다. 아이들과 함께 27년이라는 시간을 보냈기에 할 수 있었던 것이다.

우리 어린이집에서는 앞으로도 해마다 재롱발표회를 하려고 한다. 어른들이 욕심을 내지 않으면 얼마든지 가능한 축제이다. TV에 방영된 부모들의 인터뷰 내용처럼, 무지한 교사 불쌍한 아이들만 있는 것은 아니다. 발표회는 1년을 마무리하는 즐거운 축제가 될 수 있다. 아이들과 교사가 한마음으로 준비하고, 부모가 사랑과 관심으로 동참한다면.

《아이들이 행복한 세상 - 선생님과 부모가 함께라면 가능합니다》라는 주제로 아이들과 함께 지낸 이야기보따리를 풀어놓았다. 유아교육 현장에서 쌓은 27년 동안의 예쁘고 소중한 추억들이다. 아이들을 보고 있으면 어린이집이 천사들이 모여 있는 공간 같기도 하고, 어른들의 세상과 똑 닮은 소인국을 들여다보는 것 같기도 하다. 그래서 놀랍기도 하고, 신기하기도 하다.

한 사람이 태어나서 평생 갖게 되는 인성이 형성되는 시기는 영유아기이다. 그렇기에 영유아기를 어린이집에서 보내는 아이들을 사랑과 책임으로 교육해야 한다. 물론 우선되어야 할 것은 부모다. 아이들과 함께 지내면서 똑똑히 알게 되었다. 어떤 부모를 만나느냐에 따라 아이의 인격도, 자존감과 자신감도 차이가 난다는 것을.

아이의 삶을 둘러싸고 있는 양육환경, 교육환경에 따라 성공적 육아가 이루어진다. 아이가 자라는 환경 여건에 따라 아이의 성격, 행동, 뇌 발달에까지 영향을 준다. 아이들의 눈에는 모두가 새로운 세상이다. 신비로운 우주를 바라보고 낯선 세상을 배워가는 아이들의 능력을 믿고 보듬어주는 것이 부모와 교사가 할 일이다.

그동안 아이들과 함께 지내면서 유아교육인이 되기를 참 잘했다는 자부심을 갖고 살았다. 하지만 요즈음은 어린이집 원장이라고 당당하게 말하기가 불편해졌다. 교육자답지 못한 일부 몰지각한 교사와 원장으로 말미암아 많은 사람들이 유아교육인을 따가운 시선으로 보고 있다. 그 바람에 열심히 노력하고 애쓰는 원장과 교사들의 자존감은 땅에 떨어지고 있다.

매스컴에 보도되는 부도덕한 교사와 원장은 0.3%에 불과하다. 세상에는 아이들을 내 자식처럼 사랑하고 아끼며, 아이들을 위한 것이라면 작고 소소한 것까지 부모 이상으로 사랑과 정성을 다하는 유아교육인들이 더 많다.

부모의 맞벌이나 사회진출로 부모가 아이들을 전담해서 키울 수 없다면 선생님과 원장을 신뢰하고 맡겨야 한다. 그래야만 제대로 된 유아교육이 이루어질 수 있다.

선생님이 행복해야 아이들이 행복하다. 부모는 마음의 문을 열고 따뜻한 시선으로 교사들을 바라보아야 한다. 교사는 부모를 대신하여 아이 마음에 사랑을 심어주는 '낮 엄마'이기 때문이다.

세상을 바꾸는 것은 사람이며 사람을 바꾸는 것은 교육이라고 한다. 부모도 아이를 위해서 공부하고 노력해야 한다. 아이는 부모의 마음을 그대로 읽는 능력이 있다. 아이가 말할 때 부모는 아이의 눈을 바라보며 듣고, 부모가 아이에게 말할 때도 아이의 눈을 바라보아야 한다.

기억하자. '아이가 부르면 발끝이 아이를 향하도록 하라.'는 전언을.

나는 어린이집 원장이다. 유아교육인으로서 우리 아이들의 세상에 선한 영향력을 주고 싶다. 아이들이 자라서 이 세상을 바꿀 수 있는 당당하고 멋진 리더가 될 수 있도록 아이들에게 사랑을 전할 것이다. 바른 인성을 가진 아이로 성장하도록 최선을 다해 도울 것이다.

원장과 교사의 사랑, 부모의 극진한 사랑으로 자란 아이들이 우리나라를 지탱하는 큰 재목으로 자라기를 소망한다.

《아이들이 행복한 세상 – 선생님과 부모가 함께라면 가능합니다》가 출판되기까지 도움을 주신 분들이 많다. 유아행복연구소 고선해

소장은 좋은 강의가 있을 때마다 함께 가자고 권유해서 내가 유아교육인으로 더 성장할 수 있도록 이끌어주었다. 교육대학원 지도교수 박인전 교수님, 이승하 교수님, 책 쓰기를 시작할 수 있도록 지도해주신 안상헌 교수님, 투고와 출판까지 많은 지도를 해주신 이은대 작가님께도 감사의 마음을 전한다. 많은 분들의 도움 덕분에 '글 쓰는 어린이집 원장'이 될 수 있었다.

더운 여름부터 글 쓰는 아내를 위해 음료수와 간식을 손수 챙겨준 남편, 군복무 시절부터 엄마 책 출판을 기다리며 긴장감을 놓지 않도록 한 아들 건우, 성악을 전공하였기에 엄마 출판기념회에서 노래를 불러주겠다고 기다리는 딸 수지, 먼저 작가가 되고 나의 책 출판을 기다리는 갈매기 가족들……. 모두를 실망시키지 않으려고 노력하다 보니 조금은 늦었지만 드디어 첫 번째 책을 세상에 선보이게 되었다.

감사하고 감사하다.

아이들의 이야기를 나누며 함께 차 한잔 마시고 싶은 원장 선생님 작가가 될 수 있도록 도와준 모든 분들께 감사를 전한다.